WIDMUNG

VORWORT

EINFÜHRUNG

FÜHRUNG ZU HAUSE

DIE DYNAMIK DES FAMILIENUNTERNEHMENS

ERFOLGREICH IM MITTLEREN MANAGEMENT

KLEINE UNTERNEHMEN, GROßE WIRKUNG

FÜHREN VON DORT AUS, WO SIE SIND

ALTER IST NUR EINE ZAHL

SOZIOÖKONOMISCHER STATUS UND FÜHRUNGSQUALITÄTEN

SCHLUSSFOLGERUNG

Widmung

Den unbesungenen Helden unseres täglichen Lebens - den Eltern, die Beruf und Familie unter einen Hut bringen, den Kleinunternehmern, die mit Herzblut bei der Sache sind, den mittleren Führungskräften, die die Kluft zwischen den Visionen der Geschäftsleitung und den Realitäten vor Ort überbrücken, und jedem Einzelnen, der sich für die Belange seiner Gemeinde einsetzt. Dieses Buch ist Ihnen gewidmet.

Sie sind die Führungspersönlichkeiten, die vielleicht keine Schlagzeilen machen, aber die Welt zu einem besseren Ort machen, eine Entscheidung, eine Handlung, ein Moment nach dem anderen. Sie beweisen, dass Führung nicht auf Vorstandsetagen oder Schlachtfelder beschränkt ist, sondern auch in Küchen, Geschäften, Gemeindezentren und Schulen gelebt wird.

Möge dieses Buch ein Leitfaden und eine Würdigung Ihrer unermüdlichen Bemühungen und Ihres unerschütterlichen Engagements sein. Mögen Sie die Führungsqualitäten, die Sie besitzen, erkennen und weiter kultivieren, nicht nur zu Ihrem eigenen Nutzen, sondern zum Wohle all derer, deren Leben Sie berühren.

Auf das Führen, wo auch immer Sie sind, denn bei der Führung geht es nicht um den Titel, den Sie tragen, sondern um den Einfluss, den Sie haben. Sie ermöglichen es dem Rest von uns, sich eine Welt vorzustellen, in der jeder für sich eine Führungspersönlichkeit sein kann.

Vorwort

Wenn wir über Führungsqualitäten sprechen, finden wir uns oft in Geschichten über bemerkenswerte Menschen wieder, die Außergewöhnliches leisten - sie führen Nationen an, leisten Pionierarbeit bei Innovationen oder versammeln Tausende für eine Sache. Diese Führungspersönlichkeiten mit ihren bemerkenswerten Gaben und hochkarätigen Plattformen verdienen zweifellos die Aufmerksamkeit und Bewunderung, die ihnen zuteil wird. Wenn man sich jedoch nur auf solche Beispiele konzentriert, wirkt Führung wie ein fernes Konzept, das nur von wenigen Auserwählten erreicht werden kann. An Dieser Stelle setzt "Leadership Für Alle" an.

Dieses Buch befasst sich mit einer wichtigen, aber oft übersehenen Wahrheit: Führung ist nicht die exklusive Domäne von CEOs, Staatsmännern oder prominenten Aktivisten. Führung findet in den Räumen statt, in denen wir uns täglich aufhalten - zu Hause, im kleinen Unternehmen, in der Schule, im Gemeindezentrum und in unzähligen anderen Bereichen, in denen Menschen interagieren, zusammenarbeiten und etwas schaffen. Indem dieses Buch diese weniger glamourösen, aber ebenso wichtigen Bereiche in den Blick nimmt, überwindet es die elitären Schranken, die oft mit dem Begriff "Führungskraft" verbunden werden.

Die alltägliche Führungskraft ist die Hausfrau, die den Haushalt führt, den Kindern Werte vermittelt und gleichzeitig unzählige Aufgaben bewältigt. Es ist der Inhaber eines kleinen Unternehmens, der ein Team aufbaut, Herausforderungen meistert und zur lokalen Wirtschaft beiträgt. Es ist der mittlere Manager, der als Bindeglied zwischen der Führungsebene und den Mitarbeitern an der Front dient, der die Strategie in umsetzbare Aufgaben umsetzt und die Moral hebt.

Dieses Buch ist eine Hommage an diese unbesungenen Helden. Es ist eine Einladung, die Führungspersönlichkeit in sich selbst und den Menschen in Ihrer Umgebung zu erkennen. Es will Sie mit praktischen Tipps, relevanten Einsichten und der Ermutigung ausstatten, die Sie brauchen, um die Führungskraft zu sein, die Sie bereits sind, aber vielleicht noch nicht erkennen. Mögen Sie beim Durchblättern dieser Seiten nicht nur nützliche Informationen, sondern auch Inspiration finden. Die Welt braucht Führungspersönlichkeiten, nicht nur in Eckbüros oder auf großen Bühnen, sondern in jedem Winkel des Lebens.

Viel Spaß beim Lesen.

Thomas P. Huber, PhD, MS ECS

Einführung

Wenn der Begriff "Führung" fällt, denken wir nur allzu leicht an vertraute Szenen der unternehmerischen und politischen Macht. Wir stellen uns CEOs in eleganten Anzügen vor, die in gläsernen Hochhausbüros mit Blick auf weitläufige Stadtlandschaften residieren. Wir denken an Politiker auf großen Bühnen, die mit ihren leidenschaftlichen Reden die Herzen und Köpfe von Millionen Menschen erobern. Oder wir stellen uns streng dreinblickende Generäle in Kriegsräumen vor, die über Landkarten brüten und entscheidende Entscheidungen treffen, die den Lauf der Geschichte verändern können. Diese archetypischen Figuren verkörpern das, was viele für den Gipfel der Führungsqualitäten halten - Menschen in Positionen mit großer Autorität, die über weitreichenden Einfluss verfügen und komplexe Entscheidungsprozesse mit scheinbarer Leichtigkeit bewältigen.

Mit diesem tief verwurzelten Bild werden Führungsaufgaben oft auf wenige Auserwählte beschränkt, die in den heiligen Hallen von Fortune-500-Unternehmen, staatlichen Institutionen oder militärischen Organisationen tätig sind. Es scheint, als sei Führung ein exklusiver Club, zu dem nur diejenigen Zugang haben, die einen bestimmten Status erreicht haben, eine bestimmte Art von Macht ausüben oder bemerkenswerte Leistungen vollbracht haben. Diese vorherrschende Vorstellung kann dazu führen, dass das Konzept für den Rest von uns, der sich mit den banaleren Aspekten des täglichen Lebens herumschlägt, weit entfernt und unerreichbar erscheint. Was aber, wenn Führungsqualitäten nicht nur für diese hochrangigen Positionen gelten? Was wäre, wenn es sich dabei um eine Eigenschaft handelt, die in weitaus vergleichbareren Umgebungen ausgeübt und verfeinert werden kann - von der familiären Geborgenheit zu Hause bis hin zu den vertrauten Herausforderungen eines kleinen Unternehmens oder sogar dem kniffligen Labyrinth, das das mittlere Management darstellt?

Während sich das landläufige Bild von Führung oft um wichtige Unternehmensentscheidungen und politische Manöver dreht, ist die Wahrheit viel umfassender und umfassender. Führung ist kein Attribut, das auf ein bestimmtes Umfeld oder eine bestimmte Rolle beschränkt ist. Vielmehr handelt es sich um eine vielseitige Fähigkeit, die in einer Vielzahl von Kontexten eingesetzt werden kann, und zwar über die traditionellen Grenzen des beruflichen Umfelds hinaus.

Denken Sie einen Moment lang an die unzähligen Situationen, in denen Führung nicht nur möglich, sondern unerlässlich ist. Nehmen wir zum Beispiel das Zuhause - das oft als Gegenteil eines beruflichen Umfelds abgetan wird, aber voller Möglichkeiten für Führung steckt. Hier erfordern Erziehungsentscheidungen, Haushaltsführung und sogar die Pflege gesunder familiärer Beziehungen eine nuancierte Mischung von Führungsqualitäten wie Einfühlungsvermögen, strategisches Denken und Konfliktlösung.

Auch kleine Unternehmen, die nicht über die hierarchische Struktur oder die Ressourcen größerer Konzerne verfügen, sind ein fruchtbarer Boden für Führung. In solchen Umgebungen nimmt die Führung oft eine eher kooperative und anpassungsfähige Form an. Da es weniger bürokratische Ebenen gibt, kann jedes Teammitglied leichter die Initiative ergreifen und einen Beitrag zu den kollektiven Zielen leisten und so effektiv Führung ausüben.

Nicht zu vergessen ist auch die Rolle der mittleren Führungskräfte, die an der Schnittstelle zwischen der Strategie der obersten Ebene und der Umsetzung vor Ort stehen. Sie sind in einer einzigartigen Position, um sowohl die Ausrichtung des Unternehmens als auch die Zufriedenheit der Mitarbeiter zu beeinflussen, so dass Führungsqualitäten für eine effektive Vermittlung und Umsetzung von unschätzbarem Wert sind.

Führungsqualitäten sind auch in Gemeindeorganisationen, Schulen, religiösen Einrichtungen und sogar in informellen sozialen Gruppen zu finden. Ob es sich um die Organisation von

Gemeindeveranstaltungen, die Leitung einer Studiengruppe oder die Übernahme ehrenamtlicher Aufgaben handelt - immer wieder übernehmen Menschen eine Führungsrolle, ohne den offiziellen Titel "Leiter" zu tragen.

Wenn wir über Führung sprechen, sollten wir unseren Blick über die Büros an der Ecke und die Parlamentskammern hinaus erweitern. Führung ist eine allgegenwärtige Kraft, die unsere Erfahrungen und Interaktionen in jeder Facette des Lebens prägt. Indem wir diesen breiteren Rahmen anerkennen, eröffnen wir eine Welt voller Möglichkeiten, Führung in all ihren vielfältigen Formen zu praktizieren, zu verfeinern und zu schätzen.

Die Bedeutung der alltäglichen Führung in nicht-unternehmerischen Bereichen wird oft unterschätzt, aber ihre Auswirkungen sind tiefgreifend und weitreichend. Während es leicht ist, die Bedeutung der Führung in großen Unternehmen oder in der Politik zu erkennen - wo viel auf dem Spiel steht und die Folgen weithin bekannt sind -, ist die Führung, die in Privathaushalten, Familienunternehmen und Gemeinden stattfindet, ebenso wichtig. Hier ist der Grund dafür.

Werfen wir zunächst einen Blick auf das häusliche Umfeld. Die Familie wird oft als der Eckpfeiler der Gesellschaft bezeichnet, und das aus gutem Grund. In der Familie lernt der Einzelne zuerst die Werte, Gewohnheiten und Fähigkeiten, die er in die Welt mitnimmt. Führung zu Hause bedeutet, diese Qualitäten zu fördern, Familienmitglieder durch Herausforderungen zu führen und ein unterstützendes Umfeld zu schaffen, in dem sich jeder Einzelne entfalten kann. Das Fehlen oder Vorhandensein einer solchen Führung prägt das emotionale und psychologische Wohlbefinden der Familienmitglieder und schafft die Voraussetzungen dafür, wie sie sich in der Welt engagieren.

Zweitens stehen in Familienunternehmen zwei Dinge auf dem Spiel: Sie leiten nicht nur ein Unternehmen, sondern müssen sich auch mit der komplizierten Familiendynamik auseinandersetzen. Die Führung erfordert ein empfindliches Gleichgewicht zwischen der Aufrechterhaltung beruflicher Ziele und der Wahrung der

Familienbeziehungen. Schlechte Führung kann nicht nur zum Scheitern des Unternehmens führen, sondern auch zu angespannten Familienbeziehungen, die ihre eigenen langfristigen Auswirkungen haben.

Drittens: Berücksichtigen Sie das Umfeld der Gemeinschaft. In Gemeinden geht es bei Führungsaufgaben nicht immer darum, monumentale Veränderungen herbeizuführen, sondern oft auch darum, ein Gefühl der Zusammengehörigkeit zu fördern, die Bürgerbeteiligung zu unterstützen und kleine Initiativen voranzutreiben, die einen großen Unterschied machen. Ob es sich nun um die Organisation von Nachbarschaftswachen, die Leitung lokaler Spendenaktionen oder das Eintreten für kommunale Ressourcen handelt - Führungsqualitäten auf dieser Ebene prägen die Lebensqualität der Gemeindemitglieder. Gute Führung kann eine ganze Gemeinschaft aufwerten und sie sicherer, integrativer und besser gerüstet machen, um Herausforderungen gemeinsam zu bewältigen.

In all diesen Bereichen kann die Bedeutung von Führungsqualitäten wie effektive Kommunikation, Konfliktlösung und emotionale Intelligenz nicht hoch genug eingeschätzt werden. Diese Fähigkeiten tragen dazu bei, starke Beziehungen aufzubauen, eine bessere Entscheidungsfindung zu ermöglichen und ein Umfeld zu schaffen, in dem sich die Menschen wertgeschätzt und gestärkt fühlen.

Der Bereich der alltäglichen Führung mag zwar nicht das Prestige oder die Sichtbarkeit haben wie die Führung von Unternehmen oder in der Politik, aber seine Bedeutung ist unbestreitbar. Sie beeinflusst die grundlegenden Aspekte der Gesellschaft - wie wir unsere Kinder erziehen, wie wir unseren Lebensunterhalt bestreiten und wie wir mit unseren Nachbarn umgehen. Führung in diesen nicht-unternehmerischen Bereichen ist keineswegs trivial oder zweitrangig, sondern für das Wohlergehen und den Erfolg von Einzelpersonen und Gemeinschaften gleichermaßen entscheidend.

Das Hauptziel von "Leadership Für Alle" ist es, den Fokus von den konventionellen, hochkarätigen Kontexten, in denen Führung üblicherweise diskutiert wird, zu verlagern und das Thema näher an die eigenen vier Wände zu bringen - in die Räume und Situationen, denen jeder von uns in seinem täglichen Leben begegnet. Auf diese Weise versucht das Buch, das Konzept der Führung zu demokratisieren und es für jeden zugänglich und relevant zu machen, unabhängig von seiner Rolle, seinem Alter oder seinem sozioökonomischen Status.

Dieses Buch versucht, eine entscheidende Lücke in der Führungsliteratur zu schließen, indem es sich auf nicht-traditionelle Umgebungen wie Privathaushalte, Familienunternehmen, mittlere Führungspositionen und gesellschaftliches Engagement konzentriert. Die Idee ist, die Nuancen der Führung in diesen Umgebungen zu entdecken und zu erforschen, die sich oft durch eine andere Komplexität auszeichnen als die, die man in hochrangigen Positionen antrifft. Wie führt man zum Beispiel, wenn man nicht den Titel hat, der Autorität verleiht? Oder wie bringt man in einem Familienunternehmen persönliche Beziehungen mit beruflicher Verantwortung in Einklang? Dies sind nur einige der Fragen, die dieses Buch beantworten will.

Ein weiteres wichtiges Ziel dieses Buches ist es, praktische Einsichten und umsetzbare Ratschläge zu geben. Theorien und Grundsätze sind wichtig, aber was die meisten Menschen brauchen, sind Werkzeuge, die sie sofort umsetzen können. Ob es sich nun um Techniken für eine effektive Kommunikation in der Familie, um Strategien zur Stärkung der Moral in einem kleinen Team oder um Tipps für die Organisation von Gemeinschaften handelt, dieses Buch bietet ein abgerundetes Instrumentarium für die Führung, das die Leser direkt auf ihr Leben anwenden können. Schließlich dient dieses Buch als Bestätigung und Würdigung alltäglicher Führungspersönlichkeiten, die zum Wohlergehen und zum Fortschritt ihrer Heimat, ihres Arbeitsplatzes und ihrer Gemeinschaft beitragen. Indem es diese oft übersehenen Formen der Führung ins Rampenlicht rückt, will "Leadership Für Alle" mehr Menschen dazu ermutigen, sich zu engagieren und zu führen, unabhängig davon, wo sie sich befinden oder welchen Herausforderungen sie gegenüberstehen.

Das Ziel ist ein zweifaches: unser Verständnis von Führung zu erweitern und den Einzelnen mit dem Wissen und den Fähigkeiten auszustatten, die er braucht, um in diesen nicht-traditionellen Umgebungen effektiv zu führen. Auf diese Weise will das Buch eine Welt schaffen, in der Führung kein exklusiver Club ist, sondern eine Eigenschaft, die jeder von uns kultivieren und nutzen kann.

In "Leadership Für Alle" (Führung für den Rest von uns) befassen wir uns mit einer Reihe von Schlüsselthemen, um die Breite und Tiefe der alltäglichen Führung zu erkunden. Diese Themen dienen als Rahmen, um zu verstehen, wie man Einfluss ausüben, Wachstum fördern und einen dauerhaften Einfluss in Lebensbereichen ausüben kann, die traditionell nicht mit Führungsaufgaben in Verbindung gebracht werden.

Das Buch befasst sich mit dem Thema "Führung zu Hause". Hier wird untersucht, wie die Familiendynamik einen fruchtbaren Boden für Führungsqualitäten wie emotionale Intelligenz, Konfliktlösung und die Förderung eines unterstützenden Umfelds bietet. Ziel ist es, die wichtige Rolle zu beleuchten, die Familienmitglieder, insbesondere Eltern, bei der Ausbildung der Führungskräfte von morgen spielen.

Wir wenden unsere Aufmerksamkeit kleinen Unternehmen zu. Diese Unternehmen funktionieren oft ohne die für größere Unternehmen typische Hierarchie, wodurch sich die Rolle der Führung deutlich unterscheidet. In diesem Abschnitt konzentrieren wir uns auf die Herausforderungen und Chancen, die sich bei der Führung von Kleinunternehmen ergeben - vom Ressourcenmanagement über die Motivation des Teams bis zum Engagement in der Gemeinschaft. Ein weiteres wichtiges Thema ist das mittlere Management, eine Rolle, die oft unterschätzt wird, aber in jeder Organisation von entscheidender Bedeutung ist. Mittlere Führungskräfte sind das Bindeglied zwischen der obersten Führungsebene und den Mitarbeitern an der Basis, was ihre Führungsrolle einzigartig und vielschichtig macht. Wir befassen uns mit Strategien für eine effektive Kommunikation, Teammanagement und die Umsetzung von Unternehmenszielen in umsetzbare Aufgaben.

Nicht zuletzt räumt das Buch mit dem Irrglauben auf, dass Führungsqualitäten an bestimmte Altersgruppen oder sozioökonomische Statusgruppen gebunden sind. Führung ist universell; sie kann von jedem ausgeübt werden, egal an welchem Punkt seines Lebensweges. In diesem Abschnitt wird erörtert, wie das jedem von uns innewohnende Führungspotenzial genutzt werden kann, und es werden Einsichten vermittelt, die sowohl für Studenten als auch für Rentner und alle dazwischen und unabhängig von ihrem wirtschaftlichen Hintergrund gelten.

Leadership Für Alle" behandelt diese unterschiedlichen, aber miteinander verknüpften Themen und bietet einen umfassenden Einblick in die vielschichtige Natur der Führung, um Ihnen das Verständnis und die Werkzeuge für eine effektive Führung in allen Lebensbereichen an die Hand zu geben.

Betrachten Sie diese Einführung nicht als Ende, sondern als eine Einladung - eine Einladung, zu überdenken, neu zu denken und neu zu definieren, was Führung für Sie bedeutet. Sie brauchen keinen hochtrabenden Titel, kein Eckbüro und kein Rampenlicht, um eine Führungskraft zu sein. Führungsmöglichkeiten gibt es überall: in Ihrem Zuhause, an Ihrem Arbeitsplatz, in Ihrer Gemeinde und in Ihnen selbst. Dieses Buch dient als Wegweiser, der Ihnen hilft, diese Gelegenheiten zu erkennen und zu ergreifen.

Die Aufforderung zum Handeln ist einfach und doch tiefgreifend: Erkennen Sie, dass Sie die Macht haben zu führen, hier und jetzt, unabhängig von Ihren Umständen. Ganz gleich, ob Sie als Elternteil versuchen, Ihren Kindern Werte zu vermitteln, als Inhaber eines Kleinunternehmens ein engagiertes Team aufbauen oder als mittlerer Manager die Komplexität der Unternehmensdynamik bewältigen - Ihre Fähigkeit, effektiv zu führen, kann einen entscheidenden Unterschied machen.

Warten Sie nicht auf die Erlaubnis zu führen, sondern geben Sie sich selbst diese Erlaubnis. Warten Sie nicht auf eine Krise, um Ihre Führungsqualitäten unter Beweis zu stellen. Alltägliche Situationen bringen ihre eigenen Herausforderungen mit sich, die den Mut, die Einsicht und das Mitgefühl erfordern, die wahre Führungskräfte besitzen.

Fangen Sie klein an, wenn es sein muss. Gehen Sie mit gutem Beispiel voran, indem Sie freundlich zu anderen sind oder verantwortungsvolle Entscheidungen treffen. Nehmen Sie nach und nach größere Herausforderungen an, wenn Sie mehr Vertrauen in Ihre Führungsqualitäten gewonnen haben. Denken Sie daran: Es geht nicht um das Ausmaß Ihrer Wirkung, sondern um die Qualität Ihres Einflusses.

Nehmen Sie die Führungspersönlichkeit in sich auf und lassen Sie sie in den Entscheidungen, die Sie treffen, den Beziehungen, die Sie pflegen, und den Herausforderungen, die Sie meistern, zum Vorschein kommen. Die Welt braucht mehr Führungspersönlichkeiten, nicht nur solche, die einen Raum beherrschen, sondern solche, die Wärme in ein Zuhause, Integrität an einen Arbeitsplatz und Einigkeit in eine Gemeinschaft bringen können.

Wenn Sie also die Seite umblättern und sich auf diese Reise durch "Leadership Für Alle" begeben, dann tun Sie dies mit der Verpflichtung, die Führungskraft in Ihnen zu wecken. Wenn Sie die letzte Seite erreicht haben, hoffen wir, dass Sie nicht nur ein neues Verständnis von Führung haben, sondern es auch leben werden.

Führung zu Hause

Das Zuhause dient als Grundstein, von dem aus sich alle anderen Bereiche ableiten. Es ist leicht, das Zuhause als Schauplatz für Führungsaufgaben zu übersehen, weil der Rahmen informell ist, der Einsatz oft gering erscheint und das Publikum in der Regel auf Familienmitglieder beschränkt ist. Doch gerade in diesem intimen, alltäglichen Rahmen werden einige unserer wichtigsten Führungslektionen gelernt.

Das Zuhause ist mehr als nur ein physischer Raum; es ist eine soziale und emotionale Landschaft, in der wir lernen, mit Beziehungen umzugehen, Konflikte zu bewältigen und unsere Werte zu formen. Die hier erworbenen Fähigkeiten - Kommunikation, emotionale Intelligenz und Geduld - sind nicht nur "Soft Skills", sondern wesentliche Führungseigenschaften, die später in verschiedenen Lebensbereichen zum Tragen kommen. Ganz gleich, ob Sie als Elternteil den Ton für das emotionale Klima in Ihrer Familie angeben, als Geschwister Streit schlichten oder als Kind lernen, zu den Aufgaben im Haushalt beizutragen - Sie üben eine Führungsrolle aus.

In diesem Kapitel geht es um die Feinheiten der häuslichen Führung und ihre verschiedenen Dimensionen - von der elterlichen Führung über die Geschwisterdynamik bis hin zu den unterschätzten Führungsrollen, die Kinder oft übernehmen. Wir werden auch alltägliche Szenarien wie Familienessen und Wochenendarbeit untersuchen, die einen fruchtbaren Boden für die Entwicklung von Führungsqualitäten bieten. Am Ende dieses Kapitels werden Sie ein neues Verständnis für die Rolle entwickeln, die das Familienleben bei der Entwicklung Ihrer Führungsqualitäten spielt, und Sie werden praktische Einsichten gewinnen, wie Sie Ihre Führungsqualitäten innerhalb Ihrer Familie verbessern können.

Beginnen wir also diese Reise, indem wir verstehen, warum jedes Haus auf seine eigene Art und Weise eine verkleidete Führungsakademie ist.

Bei dem Begriff Familie denkt man oft an gemeinsame Mahlzeiten, Urlaubsfeiern und emotionale Unterstützung. Doch ein Aspekt, der häufig nicht beachtet wird, ist, wie sehr eine Familie einem Team ähnelt. Wie jedes Team - sei es im Sport, im Geschäftsleben oder bei Gemeinschaftsaktivitäten - besteht eine Familie aus Einzelpersonen mit unterschiedlichen Persönlichkeiten, Stärken, Schwächen und Rollen, die es zu spielen gilt. Es gibt auch ein gemeinsames Ziel, das sich oft um das Wohlergehen und den Wohlstand eines jeden Mitglieds dreht.

Ähnlich wie eine Sportmannschaft, die einen Trainer braucht, der Strategien entwickelt, motiviert und eine Erfolgskultur schafft, profitiert auch eine Familie von der Führung, um zusammenzuhalten und effektiv zu funktionieren. Ein Familienteam ist mit einer Vielzahl von Herausforderungen konfrontiert, von emotionalen Hürden wie der Lösung von Konflikten bis hin zu logistischen Herausforderungen wie der Planung eines Umzugs oder sogar der Budgetierung der Haushaltsausgaben. Eine wirksame Führung ist der Klebstoff, der die Familie in guten wie in schlechten Zeiten zusammenhält. Sie schafft die Voraussetzungen für eine offene Kommunikation, fördert das emotionale Wohlbefinden und bietet einen Rahmen für die Lösung von Problemen.

In einer Familie kann jeder zu verschiedenen Zeiten und in verschiedenen Situationen eine Führungsrolle übernehmen. Ein Elternteil kann die Führung übernehmen, wenn es darum geht, allgemeine Familienziele festzulegen, wie z. B. die Werte, die man aufrechterhalten will, oder die Finanzplanung. Aber auch Kinder können in Bereichen, in denen sie sich besonders gut auskennen oder ein großes Interesse haben, wie z. B. Technologie oder Umweltverantwortung, die Führung übernehmen. Auch Geschwister können sich die Führung bei der Organisation von Familienveranstaltungen oder der Schlichtung kleinerer Streitigkeiten unter jüngeren Mitgliedern teilen.

Die Führung in der Familie unterscheidet sich in einem wesentlichen Aspekt von der Führung in anderen Teams: der emotionalen Komponente. Die Familie ist nicht irgendein Team; es ist ein Team, in dem die Mitglieder emotional stark miteinander verbunden sind. Das macht die Sache nicht nur komplexer, sondern bietet auch eine unschätzbare Unterstützung, die als Katalysator für effektive Führung dienen kann. Da sich die Familienmitglieder umeinander kümmern, muss die Führungskraft nicht so viel Zeit aufwenden, um die Zustimmung zu Entscheidungen zu erreichen; stattdessen kann sie sich darauf konzentrieren, die besten Entscheidungen für alle Beteiligten zu treffen.

Warum ist es so wichtig, die Familie als ein Team zu sehen? Sie bietet uns einen Blickwinkel, durch den wir die Dynamik verstehen können, die im Spiel ist, einschließlich der Notwendigkeit von Organisation, Kommunikation und gegenseitiger Unterstützung - Bereiche, in denen Führung unerlässlich ist. Wenn wir die Familie als Mikrokosmos eines Teams betrachten, können wir die bekannten Prinzipien der Teamführung anwenden, um die einzigartigen Herausforderungen einer Familie effektiv zu bewältigen. Und im Gegenzug wird die Familie zu einem Übungsfeld für die Entwicklung von Führungsqualitäten, die uns in allen anderen Lebensbereichen von Nutzen sein werden.

Wenn es um die Führung innerhalb der Familie geht, sind die Eltern oft der Eckpfeiler. Sie sind in der Regel die ersten Führungspersönlichkeiten, denen ein Kind begegnet, und prägen nicht nur das unmittelbare familiäre Umfeld, sondern auch seine langfristige Vorstellung davon, was Führung bedeutet. Eltern sind Lehrer, Trainer, Vertraute und vor allem eine Führungspersönlichkeit, die die Familie zu gemeinsamen Zielen und Werten führt.

Die Art und Weise, wie Eltern führen, kann unglaublich vielfältig sein und spiegelt verschiedene Erziehungsstile wider, die von autoritär bis freizügig und alles dazwischen reichen. Jeder Stil hat seine eigenen Auswirkungen auf die Wahrnehmung von Führung durch das Kind. Ein autoritärer Elternteil, der klare Erwartungen stellt und konsequente Grenzen durchsetzt, aber auch Wärme und Entgegenkommen zeigt, kann die Wahrnehmung von Führung als mitfühlend und strukturiert fördern. Dieser ausgewogene Ansatz führt oft zu Kindern, die selbstdiszipliniert und motiviert sind und selbst eher zu einer ausgewogenen Führung fähig sind.

Andererseits können autoritäre Eltern, die Regeln rigide und ohne viel emotionales Eingehen durchsetzen, eine Auffassung von Führung prägen, die eher einer Diktatur ähnelt. Dies kann Kindern das Gefühl vermitteln, dass Autorität eher gefürchtet als respektiert werden muss, was sich möglicherweise auf ihre künftigen Interaktionen mit Führungskräften auswirkt oder sie sogar davon abhält, selbst eine Führungsrolle zu übernehmen.

Freizügige Eltern, die viel emotionale Unterstützung, aber nur wenige Regeln oder Richtlinien bieten, vermitteln ein anderes Bild von Führung - eines, bei dem es um Freiheit und individuelle Entfaltung geht, dem es aber an Struktur und Verantwortlichkeit fehlt. Kinder, die in einem solchen Umfeld aufwachsen, assoziieren Führung möglicherweise mit einem Laissez-faire-Ansatz, was es für sie später im Leben schwierig machen könnte, in Teams Richtlinien zu setzen oder zu befolgen.

Es ist auch wichtig zu erkennen, dass die beste elterliche Führung oft die Bereitschaft zur Anpassung und Veränderung beinhaltet. Was bei einem Kleinkind funktioniert, muss nicht unbedingt auch bei einem Teenager funktionieren. Wirksame elterliche Führungspersönlichkeiten sind diejenigen, die ihren Führungsstil an die sich ändernden Bedürfnisse und Herausforderungen anpassen können, die mit den verschiedenen Lebensphasen einhergehen, von der Kindheit bis zur Pubertät und darüber hinaus.

Elterliche Führung geht über die Kernfamilie hinaus. Alleinerziehende Eltern, Großeltern, Stiefeltern und andere, die eine primäre Betreuungsrolle übernehmen, tragen alle dazu bei, die Sicht des Kindes auf Führung zu prägen. Ihr Stil und ihre

Herangehensweise machen das Verständnis eines Kindes, was es bedeutet, zu führen, noch komplexer und reichhaltiger.

Die Auswirkungen der elterlichen Führung sind tiefgreifend und lang anhaltend. Sie legt den Grundstein dafür, wie Kinder mit Autoritätspersonen, Gleichaltrigen und schließlich mit ihren Familien interagieren werden. Sie kann ihre beruflichen Beziehungen, ihr Engagement in der Gemeinschaft und sogar ihre Einstellung zu gesellschaftlichen Strukturen beeinflussen. Die Anerkennung der Bedeutung der elterlichen Führung ist daher nicht nur für das Wohlergehen der Familie, sondern auch für die Entwicklung der nächsten Generation von Führungskräften von entscheidender Bedeutung.

Wenn es um Familiendynamik geht, dienen die Beziehungen zwischen Geschwistern oft als Mikrokosmos für breitere soziale Interaktionen. Innerhalb dieser kleineren, intimeren Gruppe können Geschwister Rollen übernehmen, die in einer Weise mit Führung und Teamarbeit vergleichbar sind, die für das spätere Leben lehrreich sein kann. Die Dynamik unter Geschwistern bietet einen einzigartigen Rahmen, um das Teilen, die Konfliktlösung, das Verhandeln und ja, die Führung in ihrer organischsten Form zu verstehen.

In vielen Familien übernehmen ältere Geschwister ganz natürlich eine Führungsrolle. Sie dienen oft als zweite Betreuungsperson, als Mentor und manchmal sogar als Vorbild für ihre jüngeren Geschwister. Durch diese Dynamik machen ältere Geschwister schon früh Erfahrungen mit Führungsaufgaben wie Anleitung, Schutz und sogar Disziplin.

Nehmen wir zum Beispiel den Fall von Sarah und Tim, zwei Geschwistern im Alter von 14 bzw. 10 Jahren. Sarah, die ältere der beiden, hilft Tim oft bei seinen Hausaufgaben. Dabei muss sie das richtige Gleichgewicht zwischen Anleitung und Selbstständigkeit finden - eine Übung aus dem wirklichen Leben, die Führungskräfte oft als "delegative Führung" oder "Befähigung" bezeichnen.

Auch jüngere Geschwister können in eine Führungsrolle schlüpfen. In manchen Fällen verfügen sie über eine Fähigkeit oder ein Wissen, das sie auf den Fahrersitz befördert. Ein jüngeres Geschwisterkind mit einem Händchen für Technik könnte bei der Einrichtung des Computersystems der Familie die Führung übernehmen oder Eltern und älteren Geschwistern bei der Nutzung der neuesten Software helfen. Auf diese Weise wird Führung nicht nur von oben nach unten, sondern auch von unten nach oben ausgeübt, was wertvolle Lektionen über gegenseitigen Respekt und die Verteilung von Autorität auf der Grundlage von Fachwissen und nicht von Alter vermittelt.

Selbst unter Zwillingen, bei denen das Alter kein entscheidender Faktor ist, können die Führungsrollen je nach Situation fließend wechseln. Emma und Emily, Zwillingsschwestern, wechseln je nach ihren Stärken die Führungsrolle ab. Emma übernimmt die Führung bei Outdoor-Aktivitäten wie Wandern oder Zelten, wo ihr ausgeprägter Orientierungssinn und ihre Überlebensfähigkeiten sie zur Anführerin machen. Emily hingegen übernimmt mit ihrem akribischen Organisationstalent die Führung, wenn es darum geht, Familienveranstaltungen zu planen oder Zeitpläne zu verwalten.

Geschwister lernen auch durch Konflikte und deren Lösung etwas über Führung. Streitigkeiten über gemeinsam genutzte Räume, Spielzeug oder elterliche Aufmerksamkeit können als frühe Lektionen in Verhandlung, Kompromiss und Fairness dienen - wichtige Fähigkeiten für jede Führungskraft.

Ob es nun das ältere Geschwisterkind ist, das mit gutem Beispiel vorangeht, das jüngere, das in bestimmten Situationen die Führung übernimmt, oder sogar Zwillinge, die sich die Führungsrolle je nach ihren Stärken teilen - die Geschwisterdynamik dient als prägende Erfahrung für die Entwicklung von Führungsqualitäten. Diese frühen Lektionen legen den Grundstein für komplexere soziale Interaktionen und Führungsrollen, mit denen der Einzelne später im Leben zweifellos konfrontiert sein wird.

Bei Diskussionen über familiäre Führung werden Kinder oft übersehen und eher als Mitläufer gesehen, die geführt werden, denn als potenzielle Führungspersönlichkeiten. Diese traditionelle Sichtweise unterschätzt jedoch die Rolle, die Kinder bei der Gestaltung der Familiendynamik und der Entwicklung entscheidender Führungsqualitäten spielen können, erheblich. Von klein auf zeigen Kinder eine unglaubliche Begabung für Beobachtung, Nachahmung und Innovation - Schlüsselkomponenten von Führung in jedem Kontext.

Kinder haben vielleicht nicht die gleiche Autorität oder Verantwortung wie Erwachsene, aber sie zeigen häufig auf überraschende Weise Führungsqualitäten. Ob ein Kleinkind beim Spielen die Rolle des "Lehrers" übernimmt oder ein Teenager ein Gemeinschaftsprojekt leitet - das Potenzial für Führungsqualitäten ist spürbar. Dabei handelt es sich nicht um reine Kinderspiele oder jugendliche Unternehmungen, sondern um reale Anwendungen von Entscheidungsfindung, Gruppenmanagement und Problemlösung.

Nehmen wir zum Beispiel ein Kind, das die Spielaktivitäten seiner Freunde organisiert und leitet. Dieses Kind lernt bereits, eine Gruppe zu leiten, mit unterschiedlichen Meinungen umzugehen und eine einheitliche Vision zu schaffen - im Wesentlichen die Rolle einer Führungsperson. Ähnlich verhält es sich mit einem Teenager, der die Initiative ergreift, um Familienausflüge zu planen oder ein Haushaltsprojekt zu beaufsichtigen, was man in der Unternehmenswelt als Projektmanagement bezeichnen könnte. Diese Fälle sollten nicht als trivial abgetan werden; es handelt sich um praktische Führungserfahrungen, die die zukünftigen Fähigkeiten eines Kindes erheblich beeinflussen können.

Wie können wir diese aufkeimenden Führungseigenschaften bei Kindern fördern? Einer der ersten Schritte ist die Anerkennung. Die Anerkennung und Belobigung von Führungsqualitäten kann viel dazu beitragen, positives Verhalten zu verstärken. Positive Bestärkung stärkt nicht nur das Selbstwertgefühl, sondern ermutigt ein Kind auch, in Zukunft ähnliche Initiativen zu ergreifen.

Kindern die Möglichkeit zu geben, eine Führungsrolle zu übernehmen, kann unglaublich viel bewirken. Ob es darum geht, ihnen die Verantwortung für eine kleine Aufgabe im Haushalt zu übertragen, sie zu ermutigen, an Mannschaftssportarten teilzunehmen oder sie bei Schulprojekten zu unterstützen, bei denen sie eine Führungsrolle übernehmen können - diese Erfahrungen sind von unschätzbarem Wert. Sie bieten Kindern einen sicheren Raum, in dem sie Fehler machen, lernen und sich weiterentwickeln können, ohne Angst vor schwerwiegenden Konsequenzen haben zu müssen.

Ein weiterer wichtiger Aspekt ist das Vorleben einer guten Führung. Kinder lernen durch die Beobachtung von Erwachsenen, vor allem ihrer Eltern. Die Demonstration effektiver Führungseigenschaften - wie klare Kommunikation, emotionale Intelligenz und ethisches Verhalten - kann als lebendiger Lehrplan für Kinder dienen.

Beziehen Sie sie in Entscheidungsprozesse ein, wenn es angebracht ist. Ganz gleich, ob es um die Wahl eines Urlaubsziels für die ganze Familie oder um die Festlegung von Regeln für die Bildschirmzeit geht: Wenn Sie Ihre Kinder in die Entscheidungsfindung mit einbeziehen, können sie nicht nur mehr Verantwortung übernehmen, sondern lernen auch, wie komplex Entscheidungen sind, die eine ganze Gruppe von Menschen betreffen.

Kinder sind nicht nur die Führungspersönlichkeiten von morgen, sie sind bereits heute aufstrebende Führungskräfte. Ihre Rolle innerhalb der Familie kann ihnen die grundlegenden Erfahrungen bieten, die ihren Führungsstil und ihre Fähigkeiten für die kommenden Jahre prägen werden. Indem wir ihnen den Raum geben, um zu führen, ihre Bemühungen anerkennen und ihnen die Möglichkeit geben, sich weiterzuentwickeln, können wir ihnen helfen, effektive Führungskräfte zu werden, die bereit sind, sich den Herausforderungen der Welt außerhalb ihres Zuhauses zu stellen.

Kommunikation wird oft als der Eckpfeiler effektiver Führung bezeichnet, und nirgendwo ist dies wahrer als im intimen Rahmen einer Familie. Das Zuhause ist ein komplexes Geflecht aus Beziehungen, Emotionen und Verantwortlichkeiten, die alle eine offene Kommunikation erfordern, um harmonisch zu funktionieren. Wirksame Kommunikation gibt den Ton für das familiäre Umfeld an und beeinflusst alles, von der täglichen Logistik bis zum emotionalen Wohlbefinden.

Einer der greifbarsten Aspekte, bei dem Kommunikation eine Rolle spielt, ist die Koordinierung der Zeitpläne. Stellen Sie sich eine Familie vor, in der beide Elternteile arbeiten, das ältere Kind außerschulische Aktivitäten hat und das jüngere einen Arzttermin wahrnehmen muss. Ohne offenen Dialog und Planung kann ein solcher Tag im Chaos versinken. Ein verpasster Termin oder eine vergessene Abholung kann nicht nur zu logistischen Problemen führen, sondern auch zu einem Gefühl der Vernachlässigung oder Unzuverlässigkeit. Hier dient eine effektive Kommunikation als Führungsinstrument, das es der Familie ermöglicht, als koordinierte Einheit reibungslos zu funktionieren.

Aber bei der häuslichen Kommunikation geht es nicht nur um Logistik, sondern auch um emotionalen Austausch. Familien sind Unterstützungssysteme, und eine offene Kommunikation ermöglicht den Austausch von Sorgen, Freuden und allem, was dazwischen liegt. Wenn ein Kind erzählt, dass es in der Schule gemobbt wird, kann die Reaktion der Eltern das Kind entweder darin bestärken, das Problem anzugehen, oder es dazu bringen, sich zurückzuziehen. Ähnlich verhält es sich, wenn ein Ehepartner seine Sorgen über die Arbeit mitteilt: Die emotionale Unterstützung durch den Partner kann den Stress entweder lindern oder ihn verschlimmern. Dies sind kritische Momente, in denen eine wirksame Kommunikation zu einer Form der emotionalen Führung wird, die die Familie durch Herausforderungen führt und emotionale Bindungen stärkt.

In realen Szenarien sind die Auswirkungen der Kommunikation - sowohl im Guten als auch im Schlechten - leicht zu erkennen. Nehmen wir zum Beispiel eine Familie, in der die Eltern in finanziellen Schwierigkeiten stecken, die Kinder aber im Ungewissen lassen. Mit der Zeit werden der Stress und die Anspannung spürbar, was sich auf die Stimmung und das Verhalten aller auswirkt. Die Kinder, die die eigentliche Ursache nicht kennen, könnten dies als elterliche Unzufriedenheit interpretieren, die sich gegen sie richtet, was zu Gefühlen der Unsicherheit oder Unzulänglichkeit führt. In diesem Fall wird der Mangel an Kommunikation zu einem Führungsversagen, das emotionale Kollateralschäden verursacht.

Stellen Sie sich eine Familie vor, die mit einer ähnlichen finanziellen Notlage konfrontiert ist, diese aber durch einen offenen Dialog angeht. Die Eltern stellen den Kindern altersgerechte Informationen zur Verfügung, erklären ihnen die Notwendigkeit von Haushaltskürzungen und bitten sie um ihre Meinung, wo diese vorgenommen werden sollen. Dieser integrative Ansatz entmystifiziert nicht nur die Spannungen, sondern befähigt auch jedes Familienmitglied, an der Lösung mitzuwirken. Er demonstriert Führungsstärke durch Transparenz und kooperative Problemlösung.

Bei einer effektiven Kommunikation geht es darum, ein Umfeld zu schaffen, in dem sich jeder gehört und wertgeschätzt fühlt und die Möglichkeit hat, seinen Beitrag zu leisten. Dies bildet die Grundlage für eine Vielzahl von Führungsqualitäten, einschließlich Einfühlungsvermögen, Konfliktlösung und Teamkoordination. Die Fähigkeit, in der Familie effektiv zu kommunizieren, dient als Spiegel und Übungsfeld für die Übernahme von Führungsrollen in anderen Lebensbereichen. Wer die Kunst der Kommunikation zu Hause beherrscht, ist besser darauf vorbereitet, bei allen Herausforderungen jenseits der eigenen Haustür zu führen.

Emotionale Intelligenz und Geduld sind nicht nur Schlagworte, sondern wichtige Führungsqualitäten, vor allem im Kontext des Familienlebens. Diese Qualitäten sind im häuslichen Bereich von besonderer Bedeutung, da die Beziehungen stärker emotional aufgeladen sind und es um sehr persönliche Dinge geht.

Emotionale Intelligenz bezieht sich auf die Fähigkeit, die eigenen Emotionen zu erkennen, zu verstehen und zu steuern sowie die Emotionen anderer zu verstehen und zu beeinflussen. Innerhalb einer Familie kann diese Fähigkeit den Unterschied ausmachen, ob ein hitziger Streit zu einer beziehungsschädigenden Auseinandersetzung eskaliert oder zu einem konstruktiven Gespräch wird. Ein Elternteil, das den Rückzug seines Teenagers als Zeichen von Stress und nicht von Trotz erkennt, kann die Situation mit Sensibilität statt mit Wut angehen. Auf diese Weise eröffnen sie einen Raum für einen Dialog, der es dem Teenager ermöglicht, seine Probleme mitzuteilen und gemeinsame Lösungen zu finden. Dies löst nicht nur das unmittelbare Problem, sondern stärkt auch die emotionalen Bindungen der Familie.

Ebenso können Geschwister, die die ersten Anzeichen eines Konflikts erkennen - wie etwa eine höhere Stimmlage oder eine gewisse Sturheit des Kiefers -, Spannungen abbauen, anstatt sie zu schüren. Wenn man versteht, dass die Gereiztheit einer Schwester kein persönlicher Angriff ist, sondern vielleicht Ausdruck ihres Stresses wegen bevorstehender Prüfungen, kann man die Interaktionen mit Einfühlungsvermögen statt mit reaktiven Emotionen steuern.

Geduld ist ein natürlicher Partner der emotionalen Intelligenz, insbesondere in einem familiären Umfeld, in dem Druckpunkte häufig auf die Probe gestellt werden. Die unerbittlichen Anforderungen der Elternschaft, das Chaos der unter einem Dach lebenden Geschwister und sogar die Herausforderungen, mit denen Paare konfrontiert sind, erfordern ein Maß an Geduld, das oft über das hinausgeht, was in einem beruflichen Umfeld erforderlich ist. Denn während Sie sich von einem lästigen Kollegen trennen können, ist dies bei Ihrem Ehepartner oder Kind nicht so einfach möglich.

Die Rolle der Geduld wird in Szenarien mit kleinen Kindern besonders deutlich. Ihr Mangel an emotionaler Regulierung und

Verständnis für Haushaltsregeln kann frustrierend sein. Es ist für Eltern leicht, die Beherrschung zu verlieren, wenn ein Kleinkind an die Wand kritzelt oder ein Teenager sein Zimmer in Unordnung bringt. Wenn man solche Situationen jedoch mit Geduld angeht, kann man dem Kind etwas beibringen und einen Präzedenzfall für die Konfliktlösung innerhalb der Familie schaffen.

Stellen Sie sich eine Situation vor, in der ein jüngeres Kind einen wertvollen Gegenstand eines älteren Geschwisters kaputt macht. Eine emotional intelligente und geduldige Reaktion der Eltern würde es vermeiden, die Schuld sofort zuzuweisen. Stattdessen könnten sie ein Gespräch zwischen den Geschwistern ermöglichen, in dem beide ihre Gefühle zum Ausdruck bringen und zu einem gegenseitigen Verständnis gelangen. Auf diese Weise lernen die Kinder nicht nur, ihre Fehler einzugestehen, sondern sich auch aktiv an einer Lösung zu beteiligen.

Emotionale Intelligenz befähigt Familienmitglieder, sich auf dem komplexen emotionalen Terrain zurechtzufinden, das enge Beziehungen mit sich bringen, während Geduld ihnen die nötige Widerstandskraft verleiht, um mit Herausforderungen umzugehen, ohne auf schädliche, impulsive Reaktionen zu setzen. Zusammen bilden diese Fähigkeiten ein Instrumentarium für eine wirksame Führung in der Familie, das es dem Einzelnen ermöglicht, Konflikte zu bewältigen, ein unterstützendes Umfeld zu schaffen und die Harmonie aufrechtzuerhalten, selbst wenn er mit den unvermeidlichen Prüfungen des Familienlebens konfrontiert wird.

Das Familienleben ist voll von Routinetätigkeiten, die zwar banal erscheinen mögen, aber in Wirklichkeit ausgezeichnete Plattformen zum Üben und Beobachten von Führungsqualitäten sind. Familienessen und Wochenendarbeit bieten beispielsweise mehr als nur die Möglichkeit, sich zu ernähren und sauber zu halten; sie sind Mikrokosmen für Teamarbeit, Management und zwischenmenschliche Kommunikation.

Nehmen wir den scheinbar einfachen Akt, die Familie zum Abendessen zu versammeln. Dazu gehört nicht nur die

Zubereitung des Essens, sondern auch die Koordinierung der Zeitpläne, das Decken des Tisches und das Führen von Gesprächen. Für die Eltern ist dies eine Gelegenheit, gute Führungsqualitäten vorzuleben, indem sie Aufgaben delegieren, die dem Alter und den Fähigkeiten der Kinder entsprechen - vielleicht lässt man ein jüngeres Kind den Tisch decken, während ein älteres beim Kochen hilft. Während des Essens können die Eltern das Gespräch so lenken, dass jeder zu Wort kommt, und so die Integration und Offenheit der Kinder fördern.

Für Kinder dienen diese Momente als Trainingsgelände für Führungsqualitäten. Das ältere Geschwisterkind, das die Verantwortung für das Kochen übernimmt, übt sich in Fähigkeiten, die dem Projektmanagement ähneln: Zeitmanagement, Multitasking und Qualitätskontrolle. Das jüngere Geschwisterkind, das den Tisch deckt, lernt, wie wichtig es ist, auf Details zu achten und eine einladende Umgebung zu schaffen. Darüber hinaus fördert das gemeinsame Treffen von Entscheidungen - z. B. darüber, was gekocht werden soll oder wie die Aufgaben aufgeteilt werden sollen - das Verhandlungsgeschick und die Konsensfindung.

Die Wochenendarbeit bietet ähnliche Möglichkeiten. Ob Hausputz, Gartenarbeit oder die Organisation eines Flohmarkts - diese Aktivitäten erfordern Planung, Delegation und Ausführung - Kernelemente von Führungsqualitäten. Eltern können die Entwicklung von Führungsqualitäten fördern, indem sie ihre Kinder in den Planungsprozess einbeziehen. Wenn sie beispielsweise gemeinsam eine Aufgabenliste erstellen, lernen sie, Prioritäten zu setzen und strategisch zu denken. Anstatt einfach nur Aufgaben zu verteilen, könnten Eltern eine Diskussion führen, in der sich jedes Familienmitglied zu bestimmten Aufgaben verpflichtet, wodurch ein Element der Verantwortlichkeit und des Eigentums hinzugefügt wird.

Im Folgenden finden Sie einige Tipps, wie Sie diese Momente als Gelegenheit zur Entwicklung von Führungskräften nutzen können:

1. Rotieren Sie die Rollen: Wechseln Sie ab, wer für die Planung und Delegation von Aufgaben für Abendessen oder Hausarbeiten zuständig ist. Auf diese Weise kann jeder Erfahrungen in einer Führungsrolle sammeln.

2. Offenes Feedback: Besprechen Sie nach getaner Arbeit oder einem Familienessen kurz, was gut gelaufen ist und was verbessert werden könnte. Dies simuliert Leistungsbeurteilungen in einem professionellen Umfeld und lehrt alle, konstruktives Feedback zu geben und zu erhalten.

3. Feiern Sie kleine Siege: Ist es der Familie gelungen, gemeinsam ein kompliziertes Gericht zu kochen? Haben Sie alle Aufgaben des Wochenendes in Rekordzeit erledigt? Feiern Sie diese Erfolge, um den Wert von Teamarbeit und Führung zu unterstreichen.

4. Ermutigen Sie zur Initiative: Wenn ein Familienmitglied eine Idee für ein neues Essensrezept oder eine effizientere Methode zur Erledigung der Hausarbeit hat, geben Sie ihm die Möglichkeit, die Initiative zu ergreifen.

5. Machen Sie es zu einem lehrreichen Moment: Nutzen Sie Herausforderungen oder Konflikte als Gelegenheit zum Lernen. Wenn sich die Kinder über die Aufteilung der Hausarbeit streiten, leiten Sie sie durch einen Konfliktlösungsprozess.

Indem sie alltägliche Aktivitäten wie Familienessen und Wochenendarbeit als Führungsaufgabe betrachten, können Familien diese Aufgaben nicht nur angenehmer gestalten, sondern auch wertvolle Lebenskompetenzen vermitteln. Diese Routinetätigkeiten sind viel mehr als Hausarbeiten oder Mahlzeiten; sie sind die Bausteine für die Entwicklung kompetenter, einfühlsamer und effektiver Führungskräfte für die Zukunft.

Die Bewältigung der komplexen Führungsaufgaben im familiären Umfeld bringt eine Reihe einzigartiger Herausforderungen mit sich. Doch diese Herausforderungen bieten oft wertvolle Möglichkeiten für persönliches und kollektives Wachstum. Zum Beispiel ist das empfindliche Gleichgewicht zwischen der Ausübung von Autorität und der Gewährung von Freiheit ein häufiges Problem, insbesondere für Eltern. Um dies zu meistern, sollten Sie einen partizipativen Führungsstil in Erwägung ziehen. Beziehen Sie Ihre Kinder in wichtige Familienentscheidungen wie die Urlaubsplanung oder die Festlegung des Budgets ein, behalten Sie aber die letztendliche Entscheidungsbefugnis für die endgültigen Entscheidungen.

Die Lösung von Konflikten ist ein weiterer Bereich, der aufgrund der damit verbundenen Emotionen eine besondere Herausforderung darstellen kann. Emotionale Intelligenz ist hier von entscheidender Bedeutung; es ist wichtig zu erkennen, wann eine Situation emotional aufgeladen ist und einen Schritt zurücktreten sollte. Versuchen Sie bei Konflikten, sich auf die Suche nach einer Lösung zu konzentrieren, anstatt Schuldzuweisungen zu machen, und ziehen Sie in Erwägung, das Thema erneut aufzugreifen, wenn sich die Gemüter abgekühlt haben.

Auch das Zeitmanagement kann eine große Herausforderung darstellen, vor allem bei den unzähligen Verpflichtungen, mit denen moderne Familien oft jonglieren. Trotz eines vollen Terminkalenders sollten Sie sich bemühen, regelmäßige Familientreffen zu veranstalten. Betrachten Sie diese Familienzeit als eine nicht verhandelbare Verpflichtung in Ihrem Kalender; sie ist entscheidend für die Aufrechterhaltung der Kommunikation und des Zusammengehörigkeitsgefühls innerhalb der Familie.

Eine weitere Herausforderung, die auftauchen kann, ist das mangelnde Engagement von einem oder mehreren Familienmitgliedern. Dieses Desinteresse kann ein Symptom für tiefer liegende Probleme sein und sollte mit einer offenen, nicht konfrontativen Kommunikation angegangen werden. Versuchen Sie, die Ursache für das Desinteresse herauszufinden, und seien Sie bereit, Kompromisse einzugehen, damit sich alle am Familienleben beteiligt fühlen.

Die Bewältigung dieser Herausforderungen erfordert oft eine konsequente Kommunikation, Vorbildfunktion, Anpassungsfähigkeit und manchmal sogar die Einholung einer externen Perspektive, um einen objektiveren Blickwinkel zu erhalten. Jede Familie ist einzigartig, daher ist es wichtig, dass Sie Ihren Führungsstil an die individuellen Bedürfnisse und Persönlichkeiten innerhalb Ihrer Familie anpassen. Obwohl diese Herausforderungen komplex sein können, kann ein durchdachter Ansatz in Verbindung mit der Bereitschaft zur Anpassung diese Hürden in nützliche Lernerfahrungen für alle Beteiligten verwandeln.

Wenn es darum geht, ein gesundes Führungsumfeld zu Hause zu fördern, können einige wenige Praktiken sehr hilfreich sein. Eine der wirksamsten ist das aktive Zuhören. Das bedeutet, dass Sie nicht nur zuhören, sondern die Sorgen, Ideen und Gefühle Ihrer Familienmitglieder wirklich verstehen. Indem Sie ihnen Ihre ungeteilte Aufmerksamkeit schenken, können Sie ihre Beiträge würdigen und fundiertere Entscheidungen treffen.

Ein weiterer wirksamer Tipp ist die Aufteilung der Verantwortung. Das erleichtert nicht nur die Arbeit für alle, sondern vermittelt auch ein Gefühl der Verantwortung und des Verantwortungsbewusstseins. Wenn die Familienmitglieder das Gefühl haben, dass sie ein wichtiger Teil des Teams sind, ist die Wahrscheinlichkeit größer, dass sie einen positiven Beitrag leisten. Auf diese Weise werden Führungsqualitäten wie Delegieren, Verantwortung und Teamarbeit auf praktische Weise vermittelt.

Die Würdigung individueller Leistungen, auch wenn sie noch so klein erscheinen mögen, kann einen großen Einfluss auf die Moral in der Familie haben. Anerkennung fördert ein Umfeld der Unterstützung und ermutigt zu weiteren Anstrengungen und Verbesserungen. Das kann so einfach sein wie ein Lob für die schulischen Leistungen eines Kindes oder die Anerkennung der Bemühungen eines Partners bei der Verwaltung der Haushaltsfinanzen. Diese Feiern heben den Wert der individuellen Beiträge zum gemeinsamen Familienleben hervor.

Wenn Sie diese Tipps in den Alltag Ihrer Familie einbauen, kann das Zuhause als Nährboden für Führungsqualitäten erheblich verbessert werden. Aktives Zuhören verbessert die Kommunikation und die Problemlösung, das Teilen von Verantwortung fördert den Teamgeist, und das Feiern individueller Leistungen stärkt das Vertrauen und die Moral. Zusammengenommen können diese Praktiken Ihr Zuhause in ein Führungslabor verwandeln, in dem alle Mitglieder wachsen und gedeihen können.

Zusammenfassend lässt sich sagen, dass Führung zu Hause weit mehr als ein hehres Ideal ist; sie ist eine praktische Notwendigkeit, die das Wohlbefinden und den künftigen Erfolg jedes Familienmitglieds beeinflusst. Das Elternhaus ist der grundlegende Rahmen, in dem wesentliche Führungsqualitäten wie Kommunikation, Verantwortung und emotionale Intelligenz zuerst erlernt und geübt werden. Von den Eltern, die mit ihrem Führungsstil den Ton angeben, über die Dynamik unter den Geschwistern bis hin zur unterschätzten Rolle der Kinder als aufstrebende Führungspersönlichkeiten - jedes Familienmitglied hat eine Aufgabe zu erfüllen.

Herausforderungen bei der Führung zu Hause sind unvermeidlich, aber sie bieten reichhaltige Lernmöglichkeiten. Das Gleichgewicht zwischen Autorität und Freiheit, das Zeitmanagement für familiäre Interaktionen, das Lösen von Konflikten mit emotionaler Intelligenz und das Überwinden der Hürde des Desengagements - all das ist Teil der häuslichen Führung. Diese Herausforderungen können erfolgreich gemeistert werden, indem man wichtige Praktiken wie aktives Zuhören, das Teilen von Verantwortung und das Feiern individueller Leistungen anwendet.

Führung ist keine Eigenschaft, die dem Arbeitsplatz oder dem öffentlichen Leben vorbehalten ist; sie ist ein wesentlicher Bestandteil unserer täglichen Interaktionen mit den Menschen, die uns am nächsten stehen. Denken Sie daran, dass Ihr Zuhause ein wichtiger Übungsplatz für Führungsqualitäten sein kann. Wenn Sie die Initiative ergreifen und diese Grundsätze in Ihr

Familienleben einbeziehen, legen Sie nicht nur den Grundstein für ein harmonisches Zuhause, sondern auch für lebenslange Führungsqualitäten, die Sie in allen Lebensbereichen anwenden können. Lesen Sie also nicht nur diese Worte - leben Sie sie. Verwandeln Sie Ihr Zuhause in das Führungslabor, das es sein kann, zum Wohle aller unter Ihrem Dach.

Die Dynamik des Familienunternehmens

Die Führung eines Familienunternehmens stellt eine einzigartige Mischung aus Herausforderungen und Chancen dar. Im Gegensatz zu herkömmlichen Arbeitsplätzen ist ein Familienunternehmen ein komplexes Ökosystem, in dem berufliche Ambitionen und persönliche Beziehungen miteinander verschmelzen. In diesem komplizierten Umfeld tragen Sie nicht nur den Hut eines Managers, sondern auch die emotionale Beteiligung eines Familienmitglieds. Die Grenzen sind oft fließend, Entscheidungen werden durch persönliche Voreingenommenheit erschwert, und geschäftliche Diskussionen können durchaus auch am Esstisch stattfinden. Diese Komplexität kann die Führung eines Familienunternehmens zwar zu einer größeren Herausforderung machen, bietet aber auch die einmalige Chance, die Intimität und das Vertrauen der familiären Beziehungen mit den finanziellen und beruflichen Vorteilen eines Unternehmens zu verbinden.

Doch hier ist ein empfindliches Gleichgewicht erforderlich. In einem Familienunternehmen geht es nicht nur um die Aufrechterhaltung der Rentabilität, sondern auch um die Wahrung der Integrität der Familienbeziehungen. Schlecht ausgetragene Konflikte oder voreingenommene Entscheidungen in der Geschäftswelt können zu angespannten Beziehungen zu Hause führen und umgekehrt. Es steht viel auf dem Spiel, sowohl in emotionaler als auch in finanzieller Hinsicht, und das erfordert eine andere Art von Führungsqualitäten, die auf diese einzigartige Dynamik zugeschnitten sind.

Was Familienunternehmen so interessant macht, macht sie auch so schwierig zu führen. Dieselbe Vertrautheit, die einen nahtlosen Fluss von Ideen ermöglicht, kann zu einem Nährboden für Konflikte werden, wenn sie nicht sorgfältig gehandhabt wird. Dasselbe Vertrauen, das bürokratische Ebenen überflüssig macht, kann es auch schwierig machen, berufliche Grenzen zu wahren. Gerade die Faktoren, die zum frühen Erfolg eines Familienunternehmens beitragen, können paradoxerweise zu Hindernissen werden, wenn das Unternehmen wächst und reift.

Dieses Kapitel zielt darauf ab, die Komplexität der Führung eines Familienunternehmens zu analysieren und umsetzbare Einblicke in die Balance zwischen professionellem Scharfsinn und emotionaler Intelligenz zu bieten. Wir werden uns mit kritischen Aspekten befassen, wie z. B. der Bedeutung einer offenen Kommunikation, der Notwendigkeit, Rollen und Verantwortlichkeiten zu definieren, und der Notwendigkeit, Leistung auf der Grundlage professioneller und nicht persönlicher Maßstäbe zu bewerten. Wir werden auch Strategien erforschen, die sicherstellen, dass das Familienunternehmen als Katalysator für die Stärkung der Familienbande wirkt und nicht als Keil, der sie auseinandertreibt.

Machen Sie sich darauf gefasst, dass Sie bei der Vertiefung dieses Kapitels mit einigen harten Wahrheiten konfrontiert werden, einige vorgefasste Meinungen in Frage stellen und - was am wichtigsten ist - sich mit dem nötigen Rüstzeug ausstatten, um ein Familienunternehmen erfolgreich zu führen, ohne die Familienbeziehungen zu gefährden. Willkommen in der komplexen, aber lohnenden Welt der Führung von Familienunternehmen.

Die Komplexität und Einzigartigkeit der Führung eines Familienunternehmens ergibt sich vor allem aus der Dualität der Rollen, die der Einzelne übernehmen muss. Auf der einen Seite sind Sie ein Manager, der für strategische Entscheidungen, die Sicherstellung der Rentabilität und die Erhaltung eines Wettbewerbsvorteils auf dem Markt verantwortlich ist. Auf der anderen Seite sind Sie ein Familienmitglied mit emotionalen Bindungen, persönlichen Geschichten und gemeinsamen Erinnerungen mit Ihren Mitarbeitern. Diese doppelte Identität bringt sowohl eine zusätzliche Ebene der Komplexität als auch eine Reihe von einzigartigen Vorteilen mit sich, die es in anderen Unternehmensformen nicht gibt.

Als Manager sind Sie darauf trainiert, Entscheidungen auf der Grundlage dessen zu treffen, was das Beste für das Unternehmen ist. Dazu gehört in der Regel eine gewisse emotionale Distanz, die ein unvoreingenommenes Urteil ermöglicht. Wenn diese Entscheidungen jedoch Menschen direkt betreffen, die Sie Ihr ganzes Leben lang kennen - vielleicht sogar mit denen Sie aufgewachsen sind -, dann steht mehr auf dem Spiel. Jede geschäftliche Entscheidung wird dann zu einer persönlichen Entscheidung, und diese emotionale Belastung kann oft die Objektivität beeinträchtigen.

Das soll nicht heißen, dass emotionale Verstrickungen ausschließlich nachteilig sind; sie bieten sogar einige deutliche Vorteile. Ein Familienunternehmen profitiert oft von einem unvergleichlichen Maß an Vertrauen zwischen seinen Mitgliedern. Entscheidungen können schneller getroffen werden, ohne dass langwierige Überprüfungen oder rechtliche Absicherungen erforderlich sind. Die Zusammenarbeit erfolgt auf natürliche Weise, und es besteht oft ein tief verwurzeltes Verständnis für gemeinsame Werte und langfristige Ziele. Dies schafft ein Umfeld, das für Innovation und Risikobereitschaft geradezu prädestiniert ist, da die Familienmitglieder in der Regel eher bereit sind, sich voll und ganz für den Erfolg des Unternehmens einzusetzen.

Vertrautheit kann auch zu Herausforderungen führen, die für Familienunternehmen einzigartig sind. So kann beispielsweise berufliche Kritik persönlich genommen werden, was zu angespannten Beziehungen führt. Oder Familienmitglieder vermeiden schwierige Gespräche ganz, um die Harmonie zu wahren, was zu ungelösten Geschäftsproblemen führt. Auch die Grenzen zwischen Berufs- und Privatleben können verschwimmen, so dass es schwierig wird, von der Arbeit abzuschalten oder eine gesunde Work-Life-Balance zu wahren.

Die Komplexität und Einzigartigkeit der Führung eines Familienunternehmens erfordert einen differenzierten Führungsansatz. Führungskräfte müssen sich sowohl in der rationalen Welt des Geschäfts als auch in der emotionalen Welt der Familiendynamik zurechtfinden. Sie müssen strategisch und mitfühlend, analytisch und einfühlsam, durchsetzungsfähig und sensibel sein. Es ist ein schwieriger Balanceakt, aber wenn er richtig gemacht wird, ist er sowohl beruflich erfüllend als auch persönlich bereichernd.

In der komplexen Landschaft eines Familienunternehmens ist eine offene Kommunikation der Eckpfeiler sowohl für den beruflichen Erfolg als auch für die Aufrechterhaltung starker familiärer Bindungen. Die emotionale und persönliche Dimension von Familienbeziehungen kann die Geschäftstätigkeit oft erschweren. In einem solchen Umfeld kann das Fehlen einer transparenten Kommunikation zu Missverständnissen, Ressentiments und letztlich zu geschäftlichen und persönlichen Misserfolgen führen. Ein offener Dialog kann dazu dienen, Probleme zu lösen, Ideen zu entwickeln und eine Übereinstimmung zwischen den Unternehmenszielen und den Werten der Familie zu erreichen.

Der erste Grund, warum eine offene Kommunikation so wichtig ist, besteht darin, dass sie hilft, klare Erwartungen zu formulieren. In einem Familienunternehmen können sich die Rollen aufgrund der dualen Natur der Beziehungen oft überschneiden oder durcheinander geraten. Eine wirksame Kommunikation schafft klar definierte Rollen und Verantwortlichkeiten, und diese Klarheit kann Konflikte verhindern, die durch Missverständnisse entstehen.

Zweitens ist eine klare Kommunikation für die Entscheidungsfindung unerlässlich. In einem typischen Unternehmensumfeld werden Entscheidungen in der Regel über festgelegte Befehlsketten getroffen. Im Gegensatz dazu arbeiten Familienunternehmen oft in einem demokratischeren Umfeld, in dem der Beitrag eines jeden Mitglieds geschätzt wird. Umso wichtiger sind offene Kommunikationskanäle, um zu diskutieren, zu debattieren und zu Entscheidungen zu gelangen, die im besten Interesse des Unternehmens liegen und von den Familienmitgliedern akzeptiert werden.

Und schließlich fördert eine offene Kommunikation ein Umfeld des Vertrauens und des Respekts. Familienmitglieder können brutal ehrlich zueinander sein, aber in einem geschäftlichen Umfeld sollte diese Ehrlichkeit konstruktiv kanalisiert werden. Wenn man weiß, wie man offen und dennoch respektvoll kommuniziert, lassen sich nicht nur Konflikte vermeiden, sondern auch Problemlösungen und Entscheidungen schneller treffen.

Wie kann man nun in einem Familienunternehmen eine offene Kommunikation aufrechterhalten? Ein praktischer Weg ist die Abhaltung regelmäßiger Familientreffen, die von zwanglosen Familienzusammenkünften getrennt sind. Diese Zeit und dieser Raum ermöglichen konzentrierte Diskussionen über Geschäftsangelegenheiten und bieten eine Plattform für transparente Gespräche. Eine weitere nützliche Methode ist die Hinzuziehung eines externen Beraters oder Vorstands, der einen unparteiischen Standpunkt einnehmen und Diskussionen erleichtern kann. Sie können bei besonders heiklen oder komplizierten Gesprächen vermittelnd eingreifen. Und schließlich sollten Sie moderne, für die Unternehmensführung konzipierte Kommunikationsmittel wie Projektmanagement-Software oder interne Kommunikationsplattformen nutzen. Nutzen Sie diese Tools, um alle Beteiligten auf dem Laufenden zu halten, wichtige Entscheidungen zu dokumentieren und einen klaren Arbeitsablauf zu schaffen.

Die Bedeutung einer offenen Kommunikation in einem Familienunternehmen kann gar nicht hoch genug eingeschätzt werden. Sie ist der Klebstoff, der das komplizierte Geflecht aus beruflichen Verantwortlichkeiten und persönlichen Beziehungen zusammenhält, und damit unverzichtbar für jeden, der ein Familienunternehmen erfolgreich führen will.

Die Festlegung von Rollen und Zuständigkeiten ist ein zentrales Element für die erfolgreiche Führung eines jeden Unternehmens, aber in einem Familienunternehmen ist sie sogar noch wichtiger. Die Überschneidung von persönlichen Beziehungen und beruflichen Pflichten kann zu einem undurchsichtigen, verwirrenden Umfeld führen, wenn die Rollen nicht ausdrücklich festgelegt und vereinbart werden. Ohne diese Unterscheidung ist es leicht möglich, dass persönliche Belange in geschäftliche Entscheidungen einfließen und dass berufliche Meinungsverschiedenheiten die Familienbeziehungen belasten.

In einem Familienunternehmen besteht oft die Versuchung, dass die familiären Rollen die geschäftlichen Rollen diktieren. So wird beispielsweise davon ausgegangen, dass das älteste Geschwisterkind automatisch eine Führungsposition einnimmt, oder Eltern fällt es schwer, ihren Kindern wichtige Aufgaben zu übertragen. Diese auf der Familienhierarchie basierenden Annahmen führen jedoch nicht immer zu der effektivsten Unternehmensstruktur. Es ist von entscheidender Bedeutung, die Fähigkeiten, Interessen und Qualifikationen jedes Familienmitglieds zu bewerten, wenn es darum geht, seine berufliche Rolle im Unternehmen festzulegen.

Eine wirksame Strategie zur Festlegung von Rollen und Zuständigkeiten besteht darin, diese formal zu dokumentieren, wie Sie es auch in einem Nicht-Familienunternehmen tun würden. Erstellen Sie Stellenbeschreibungen, legen Sie Leistungskennzahlen fest und legen Sie den Umfang der einzelnen Aufgaben ausdrücklich fest. Dieses Dokument dient als Bezugspunkt für alle Familienmitglieder und kann besonders hilfreich sein, wenn es darum geht, Streitigkeiten oder Unklarheiten zu beseitigen.

Ein anderer Ansatz besteht darin, eine gemeinsame Entscheidung zu treffen, an der alle wichtigen Interessengruppen beteiligt sind. Dies könnte im Rahmen von Familienunternehmenstreffen geschehen, bei denen jeder die Möglichkeit hat, seine Erwartungen, Ambitionen und Vorbehalte zu äußern. Die Einbeziehung in den Entscheidungsfindungsprozess hilft nicht nur dabei, zu abgerundeten Rollen zu gelangen, sondern gewährleistet auch die Zustimmung aller Beteiligten.

Ebenso wichtig ist die Festlegung von Grenzen. Dabei kann es sich um zeitliche Grenzen handeln, z. B. dass bei Familientreffen oder in den Ferien nicht über das Geschäft gesprochen wird. Es können aber auch funktionale Grenzen sein, wie z. B. die

Festlegung, wer das letzte Wort bei verschiedenen Aspekten des Unternehmens hat. So könnte beispielsweise ein Familienmitglied für den Betrieb zuständig sein, während ein anderes sich um das Marketing kümmert. Das Festhalten am eigenen Fachgebiet und an der eigenen Verantwortung fördert die Verantwortlichkeit und minimiert Konflikte.

Ziehen Sie in Erwägung, sich externen Input zu holen, entweder von einem Branchenexperten, einem Beirat oder einem Unternehmenscoach. Eine externe Perspektive kann Unparteilichkeit und Objektivität bei der Festlegung von Rollen und Verantwortlichkeiten bieten - zwei Elemente, die oft fehlen, wenn Entscheidungen allein den Familienmitgliedern überlassen werden.

Die Festlegung von Rollen und Verantwortlichkeiten in einem Familienunternehmen ist nicht nur eine Formalität, sondern eine Notwendigkeit. Sie bringt Struktur in ein Umfeld, in dem sich persönliche und berufliche Bereiche naturgemäß überschneiden. Sie hilft den Familienmitgliedern, sich in der Unternehmenslandschaft zurechtzufinden, ohne von familiären Erwartungen und Emotionen beeinflusst zu werden. Vor allem aber dient sie als Rückgrat eines Unternehmens, das sowohl rentabel als auch harmonisch innerhalb der Familie sein soll.

Einer der schwierigsten Aspekte bei der Führung eines Familienunternehmens ist die Bewertung der Leistung. In einem traditionellen Unternehmensumfeld sind Leistungsbeurteilungen in der Regel unkompliziert und orientieren sich an Kennzahlen und klar definierten Leistungsindikatoren (KPIs). In einem Familienunternehmen kann jedoch die Nähe der persönlichen Beziehungen zu Verzerrungen führen, die sich bewusst oder unbewusst auf die Bewertung auswirken. Wenn die Familiendynamik die professionelle Beurteilung beeinträchtigt, untergräbt dies nicht nur die Effizienz des Unternehmens, sondern kann auch zu einer Beziehungsbelastung zwischen den Familienmitgliedern führen.

Wenn man zulässt, dass persönliche Voreingenommenheit in die professionelle Bewertung eindringt, kann dies mehrere Fallstricke haben. Zunächst einmal untergräbt es die Glaubwürdigkeit des Beurteilungsprozesses. Wenn die Mitarbeiter den Eindruck haben, dass die Beurteilungen eher auf Günstlingswirtschaft als auf Leistung beruhen, kann dies die Belegschaft demoralisieren und den Enthusiasmus mindern. Im schlimmsten Fall kann es sogar zu Spaltungen innerhalb des Unternehmens kommen, indem Familienmitglieder und familienfremde Mitarbeiter entzweit werden. Diese Spaltung kann sich nachteilig auf die Produktivität und das allgemeine Wohlergehen des Unternehmens auswirken.

Ein voreingenommenes Beurteilungssystem hemmt die individuelle Entwicklung. Familienmitglieder erhalten möglicherweise nicht das konstruktive Feedback, das sie brauchen, um sich zu verbessern, oder sie werden befördert, ohne die erforderlichen Fähigkeiten oder Erfahrungen zu besitzen, was zu schlechten Geschäftsentscheidungen führt. Andererseits können verdiente Familienmitglieder aufgrund persönlicher Probleme übergangen werden, so dass sie sich nicht gewürdigt fühlen und ihr berufliches Wachstum gehemmt wird.

Wie können Sie sicherstellen, dass Leistungsbeurteilungen professionell und frei von persönlicher Voreingenommenheit sind? Hier sind einige Tipps:

- Entwickeln Sie klare Bewertungskriterien: Der erste Schritt besteht darin, eine Reihe professioneller Messgrößen festzulegen, anhand derer die Leistung gemessen werden soll. Dabei kann es sich um Verkaufsziele, Kundenzufriedenheitswerte, Projektabschlussfristen oder andere relevante KPIs handeln.

- Setzen Sie objektive Bewerter ein: Wenn möglich, sollten Sie externe oder objektive Personen in den Bewertungsprozess einbeziehen. Sie können ein unvoreingenommenes Feedback geben und eine Unparteilichkeit an den Tag legen, mit der sich Familienmitglieder möglicherweise schwer tun.

- Trennen Sie Persönliches von Beruflichem: Bemühen Sie sich bewusst darum, berufliche Kritik von persönlicher zu trennen. Beziehen Sie das Feedback immer auf die Ziele des Unternehmens und die Rolle des Mitarbeiters bei der Erreichung dieser Ziele.

- Ermutigen Sie Peer Reviews: Eine weitere Strategie ist die Einbeziehung von Feedback aus mehreren Quellen. Peer-Reviews können verschiedene Perspektiven bieten und helfen, voreingenommene Standpunkte auszugleichen.

- Transparenz: Halten Sie den Bewertungsprozess so transparent wie möglich. Stellen Sie sicher, dass jeder versteht, wie er bewertet wird und welche Kriterien gelten. Transparenz trägt dazu bei, den Eindruck der Befangenheit zu verringern.

- Überprüfen und überarbeiten: Machen Sie es sich zur Gewohnheit, Ihre Bewertungsprozesse regelmäßig zu überprüfen, um sicherzustellen, dass sie fair, relevant und frei von Voreingenommenheit bleiben.

Die Bewertung der Leistung auf der Grundlage professioneller Kriterien in einem Familienunternehmen ist nicht nur eine Frage der Fairness, sondern ein geschäftliches Gebot. Es schützt die Integrität des Unternehmens, fördert eine leistungsorientierte Kultur und, was am wichtigsten ist, es schützt die Familienbande, die das Fundament des Unternehmens bilden. Auch wenn die Versuchung, persönliche Beziehungen das berufliche Urteilsvermögen beeinflussen zu lassen, in einem Familienunternehmen immer vorhanden sein wird, liegt die Weisheit darin, ihr gewissenhaft zu widerstehen.

Das richtige Gleichgewicht zwischen dem Geschäftsbetrieb und den Familienbeziehungen zu finden, ist eine differenzierte Aufgabe, die oft eine sorgfältige Planung, eine offene Kommunikation und Anpassungsfähigkeit erfordert. In einem Familienunternehmen sind die Grenzen zwischen dem Beruflichen und dem Privaten häufig fließend. Daher ist es wichtig, Strategien anzuwenden, die es ermöglichen, dass sowohl die geschäftlichen als auch die familiären Aspekte nebeneinander gedeihen. Hier sind einige Möglichkeiten, dieses empfindliche Gleichgewicht zu erreichen:

Regelmäßige Treffen zwischen Familie und Unternehmen

Regelmäßige und strukturierte Treffen zwischen Familienunternehmen können als Forum dienen, um nicht nur geschäftliche Angelegenheiten zu besprechen, sondern auch alle zugrundeliegenden Familienprobleme, die das Unternehmen betreffen könnten. Eine feste Tagesordnung für diese Treffen stellt sicher, dass alle wichtigen Themen behandelt werden, von den Finanzen bis zum Wohlergehen der Familie. Diese Treffen bieten den Familienmitgliedern auch die Möglichkeit, sich über Unternehmensziele abzustimmen und Bedenken in einem formellen Rahmen zu äußern.

Mechanismen zur Konfliktlösung

Konflikte sind unvermeidlich, sowohl in der Familie als auch im Unternehmen. In einem Familienunternehmen können Konflikte jedoch schnell eskalieren und persönlich werden, was sich nachteilig auf das Unternehmen auswirken kann. Es ist wichtig, Konfliktlösungsmechanismen einzurichten, wie z. B. einen Mediator oder einen Beirat, um Streitigkeiten objektiv zu behandeln. Manche Familien entscheiden sich für eine dokumentierte "Familienverfassung", in der die Regeln für den Umgang mit Konflikten festgelegt sind.

Exit-Strategien

Wie in jedem Unternehmen ist es wichtig, Ausstiegsstrategien zu haben. In einem Familienunternehmen haben die Ausstiegsstrategien jedoch auch emotionale Auswirkungen. Unabhängig davon, ob ein Familienmitglied in den Ruhestand gehen, seine Anteile verkaufen oder das Unternehmen aus anderen Gründen verlassen möchte, kann eine klar definierte und vereinbarte Ausstiegsstrategie Missverständnissen und potenziellen Streitigkeiten vorbeugen. Die Ausstiegsstrategie sollte Bewertungsmethoden, Übernahmemöglichkeiten und Zeitpläne umfassen, die von allen Beteiligten vereinbart wurden.

Grenzen zwischen Arbeit und Leben

Da das Unternehmen eine Familienangelegenheit ist, ist es leicht, dass Gespräche über die Arbeit alle Aspekte des Lebens durchdringen. Es ist jedoch wichtig, Grenzen zu setzen. So könnten beispielsweise Geschäftsangelegenheiten bei Familientreffen, in den Ferien oder nach einer bestimmten Uhrzeit tabu sein. Diese Grenzen schützen die Familienbeziehungen vor der Belastung, die ständige Geschäftsgespräche mit sich bringen können.

Gleichbehandlung für alle Mitarbeiter

In einem Familienunternehmen arbeiten häufig sowohl Familienangehörige als auch familienfremde Mitarbeiter. Um ein ausgewogenes, produktives Arbeitsumfeld zu schaffen, ist es wichtig, dass alle gleich behandelt werden. Dazu gehören eine gleichwertige Bezahlung für gleichwertige Aufgaben, gleicher Zugang zu Chancen und ein fairer Leistungsbewertungsprozess.

Nachfolgeplanung

Eine gut durchdachte Nachfolgeregelung sichert die langfristige Stabilität des Unternehmens und minimiert familiäre Konflikte. Eine frühzeitige Planung, möglicherweise mit Hilfe externer Berater, kann die nächste Generation auf die Führung vorbereiten und den Übergang für alle Beteiligten reibungsloser gestalten.

Die Vereinbarkeit von Beruf und Familie in einem Familienunternehmen ist eine ständige Aufgabe, die proaktive Maßnahmen und ein starkes Engagement aller Familienmitglieder erfordert. Mit regelmäßigen Treffen zwischen Familie und Unternehmen, Konfliktlösungsmechanismen, klar definierten Ausstiegsstrategien und den anderen hier beschriebenen Strategien ist es durchaus möglich, ein erfolgreiches Unternehmen zu führen, ohne die Familienharmonie zu opfern. Durch die Anwendung dieser Praktiken können Familienunternehmen nicht nur wirtschaftlichen Wohlstand erreichen, sondern auch ihre Familienbande bereichern und das gesamte Unternehmen zu einem erfüllenden Unterfangen machen.

Schauen wir uns einige Beispiele und Fälle von Familienunternehmen an.

Fallstudie 1: Ford Motor Company

Bill Ford, der Vorstandsvorsitzende der Ford Motor Company und Urenkel von Henry Ford, stand vor der gewaltigen Aufgabe, das Unternehmen zu modernisieren und gleichzeitig sein Erbe zu bewahren. Durch eine Mischung aus technologischen Fortschritten und der Wahrung von Traditionen gelang es Ford, Elektrofahrzeugtechnologien einzuführen, ohne seine Vergangenheit auszulöschen.

Lektion: Der Fall Ford verdeutlicht, wie wichtig es ist, Innovation und Tradition miteinander zu verbinden, und zeigt, dass es möglich ist, die Vergangenheit zu ehren und gleichzeitig die Zukunft zu gestalten.

Fallstudie 2: Walmart

Die Familie Walton, die Gründer von Walmart, musste herausfinden, wie sie den Zusammenhalt der Familie aufrechterhalten und gleichzeitig ein globales Einzelhandelsimperium leiten konnte. Dies gelang ihnen durch die Walton Family Foundation, die Initiativen unterstützt, auf die sich die Familienmitglieder geeinigt haben, und durch die Rotation von Familienmitgliedern in verschiedenen Rollen im Unternehmen.

Lektion: Walmart ist ein Beispiel dafür, wie wichtig es ist, die Rollen sowohl innerhalb des Unternehmens als auch innerhalb der Familie klar zu definieren. Die Struktur des Unternehmens ermöglicht den Zusammenhalt der Familie, auch wenn viel auf dem Spiel steht.

Fallstudie 3: Reliance Industries

Die Ambani-Familie, die das indische Unternehmen Reliance Industries leitet, hat eine öffentlichkeitswirksame Fehde zwischen den Geschwistern Mukesh und Anil Ambani hinter sich. Sie beschlossen schließlich, das Konglomerat in verschiedene Unternehmen aufzuteilen. Heute haben beide erfolgreiche, aber getrennte Unternehmen.

Lektion: Das Beispiel von Reliance zeigt, dass die Aufteilung von Vermögenswerten und Rollen manchmal eine Form der erfolgreichen Konfliktlösung sein kann, die Wachstum auf beiden Seiten ermöglicht.

Fallstudie 4: Fidelity Investments

Abigail Johnson, die heutige CEO von Fidelity Investments, sah sich einer kritischen Prüfung ausgesetzt, als sie das Unternehmen von ihrem Vater Ned Johnson übernahm. Anstatt den Status quo beizubehalten, entschied sie sich, den Schwerpunkt auf technologische Investitionen und Modernisierungen zu legen. Ihre Maßnahmen waren zwar riskant, zahlten sich aber aus und positionierten Fidelity als modernes Finanzunternehmen neu.

Lektion: Dieser Fall unterstreicht die Notwendigkeit einer anpassungsfähigen Führung und die Bedeutung datengestützter Entscheidungen, auch wenn sie von der Tradition abweichen.

Fallstudie 5: In-N-Out Burger

Als Lynsi Snyder Präsidentin von In-N-Out Burger wurde, einem Unternehmen, das von ihren Großeltern gegründet wurde, stand sie vor der Herausforderung, die Marke zu modernisieren, ohne ihren klassischen Charme zu verlieren. Snyder führte subtile Änderungen an der Speisekarte ein und expandierte behutsam, ohne die Kernidentität der Marke zu verändern.

Lektion: Snyders Ansatz zeigt, dass es selbst in kundenorientierten Branchen möglich ist, behutsam zu innovieren, ohne die eigene Basis zu verprellen.

Diese Fallstudien mit bekannten Namen wie Ford und Walmart bieten unschätzbare Lektionen für die Bewältigung der Herausforderungen und Komplexitäten, die Familienunternehmen mit sich bringen. Ob es darum geht, Tradition mit Innovation zu verbinden, wie bei Ford, oder unterschiedliche Rollen für Familienmitglieder zu definieren, wie bei Walmart, der Schlüssel liegt darin, flexibel und anpassungsfähig zu sein und sich sowohl für die Familie als auch für das Unternehmen einzusetzen.

Die Führung eines Familienunternehmens ist mit einzigartigen Herausforderungen verbunden, die oft emotional aufgeladen und in Bezug auf die Beziehungen komplex sind. Eine große Hürde ist die Frage, wer die Nachfolge antritt, wenn die derzeitige Führungskraft ausscheidet. Dies kann zu einem Streitpunkt unter den Familienmitgliedern werden, der zu emotionalen und relationalen Belastungen führt. Hier ist eine klare und offene Kommunikation der Schlüssel zum Erfolg. Familientreffen können als Plattform für die Diskussion der Nachfolge dienen, und die Beratung durch einen externen Berater kann eine unparteiische Perspektive bieten. Ein frühzeitiger Beginn der Nachfolgeplanung kann die nächste Generation auf Führungsaufgaben vorbereiten und den Übergang reibungsloser gestalten.

Geld ist ein weiterer häufiger Grund für Meinungsverschiedenheiten in einem Familienunternehmen. Es ist wichtig, sich bei der Entscheidungsfindung auf Daten und Finanzkennzahlen zu stützen und nicht auf emotionale oder beziehungsbezogene Faktoren. Durch die Erstellung von Finanzprotokollen und deren Einhaltung können finanzielle Meinungsverschiedenheiten entschärft werden, was zu einem harmonischeren Arbeitsumfeld führt.

Abgesehen von den offensichtlichen beruflichen Herausforderungen kann die Verflechtung von Arbeits- und Familienleben zu Stress und angespannten Beziehungen führen.

Eine Möglichkeit, starke Familienbande inmitten von geschäftlichem Stress aufrechtzuerhalten, besteht darin, klare Grenzen zwischen Arbeits- und Familienzeit zu ziehen. Dadurch bleibt nicht nur die familiäre Bindung erhalten, sondern man kann sich auch besser konzentrieren und effizienter arbeiten, wenn es an der Zeit ist.

Die Vereinbarkeit von Beruf und Privatleben kann in einem Familienunternehmen besonders schwierig sein, da die Grenzen zwischen Privat- und Berufsleben oft verschwimmen. Die Schaffung eines Umfelds, das sowohl die Arbeit als auch die persönliche Zeit respektiert, kann einen Teil des Stresses, der durch diese Überschneidung entsteht, mindern. Wenn die Vereinbarkeit von Beruf und Privatleben Vorrang hat, kann dies zum Wohlergehen der Familie und zum Erfolg des Unternehmens beitragen.

Wenn es zu Konflikten kommt, was unweigerlich der Fall sein wird, ist ein formelles Verfahren zur Konfliktlösung von entscheidender Bedeutung. Dies könnte eine Mediation, die Hilfe eines externen Beraters oder vorher festgelegte Richtlinien beinhalten, auf deren Einhaltung sich die Familie einigt. Wenn ein solches System vorhanden ist, lassen sich Konflikte oft einfacher, schneller und weniger emotional belastend lösen.

Der Erfolg eines Familienunternehmens hängt von einem empfindlichen Gleichgewicht zwischen professionellem Scharfsinn und emotionaler Intelligenz ab. Lösungen sollten darauf abzielen, sowohl die Integrität des Unternehmens als auch die Harmonie der Familie zu wahren, da das eine ohne das andere nicht gedeihen kann.

In der komplizierten Landschaft der Familienunternehmen werden die Herausforderungen aufgrund der emotionalen und relationalen Dynamik, die im Spiel ist, oft noch größer. Nachfolgeplanung, Finanzmanagement, Work-Life-Balance und Konfliktlösung sind die Schlüsselbereiche, in denen häufig Schwierigkeiten auftreten. Die Bewältigung dieser Herausforderungen erfordert eine Mischung aus fachlicher

Kompetenz und emotionaler Intelligenz. Strategien wie offene Kommunikation, klar definierte Rollen und im Voraus festgelegte Richtlinien für die Entscheidungsfindung können helfen, die Komplexität zu bewältigen.

Bei diesen Strategien handelt es sich nicht nur um theoretische Konstrukte, sondern um praktische Instrumente, die Sie ab heute in Ihrem Unternehmen einsetzen können. Das Ziel besteht nicht nur darin, geschäftlichen Erfolg zu erzielen, sondern dies auf eine Weise zu tun, die die familiären Beziehungen pflegt und zu einem ausgeglichenen Leben beiträgt. Die Umsetzung dieser Strategien kann Ihr Familienunternehmen auf einen Weg zu nachhaltigem Wachstum bringen, ohne die persönlichen Bindungen zu opfern, die Ihre Familie einzigartig machen.

Zögern Sie nicht, diese Elemente in Ihr Familienunternehmensmodell einzubauen. Indem Sie die Herausforderungen proaktiv angehen, können Sie sowohl das Wohlergehen Ihrer Familie als auch den langfristigen Erfolg Ihres Unternehmens sicherstellen. Es geht nicht nur darum, ein erfolgreiches Unternehmen zu führen, sondern auch darum, ein Vermächtnis von ausgewogenem Erfolg zu schaffen, das über Generationen weitergegeben werden kann.

Erfolgreich im Mittleren Management

Auf der Karriereleiter eines Unternehmens befinden sich mittlere Führungskräfte oft in einer einzigartigen und manchmal schwierigen Position. Sie sind weder an der Spitze, wo sie die großen strategischen Entscheidungen treffen, noch an der Basis, wo sie diese Weisungen ohne zu hinterfragen ausführen. Stattdessen findet man sich zwischen diesen beiden Positionen wieder und hat die Aufgabe, die Vision der Geschäftsleitung in die Praxis umzusetzen und gleichzeitig ein Team zu leiten. Das ist wie eine Zwickmühle, aber was wäre, wenn wir Ihnen sagen würden, dass dies eigentlich eine versteckte Chance ist? In diesem Kapitel werden wir untersuchen, wie Sie im mittleren Management erfolgreich sein können, indem Sie effektiv als wichtige Brücke fungieren, die den Zusammenhalt und den Erfolg einer Organisation fördern kann. Lassen Sie uns also eintauchen und lernen, wie Sie diese Rolle von einer Kompromissposition in eine wirkungsvolle Führungsposition verwandeln können.

Die mittlere Führungsebene ist eine Rolle, die mit vielen Herausforderungen verbunden ist, aber auch viele Möglichkeiten für eine wirkungsvolle Führung bietet. Einerseits unterliegen mittlere Führungskräfte den Weisungen der oberen Führungsebene, die sie in ihren Teams umsetzen müssen. Dies kann von Änderungen der Unternehmensstrategie bis hin zu Budgetänderungen reichen, und es ist die Aufgabe des mittleren Managers, diese Anweisungen effizient umzusetzen. Andererseits müssen die mittleren Führungskräfte auch ein offenes Ohr für die Bedürfnisse, Anliegen und Rückmeldungen ihrer Teams haben. Diese Erkenntnisse müssen sie dann in der Befehlskette weitergeben. Es ist ein ständiger Balanceakt, die Erwartungen beider Seiten zu erfüllen.

Diese doppelte Verantwortung macht die Rolle des mittleren Managements innerhalb einer Organisation so einzigartig und wichtig. Mittlere Führungskräfte fungieren im Wesentlichen als Dolmetscher oder Übersetzer, die dafür sorgen, dass die von der obersten Führungsebene festgelegten Strategien und Ziele an der Basis verstanden und umgesetzt werden. Gleichzeitig vertreten sie die Stimme ihrer Teammitglieder, indem sie Bedenken oder Rückmeldungen weitergeben, die für die Leistung des Unternehmens und die Zufriedenheit der Mitarbeiter entscheidend sein können. Damit sind die mittleren Führungskräfte die Brücke, die beide Seiten miteinander verbindet, und dienen als Kanäle für Informationen und Feedbackschleifen, die für den Zusammenhalt und den Erfolg des Unternehmens entscheidend sind.

Wie kann man diese einzigartige Positionierung für eine effektive Führung nutzen? Indem man sich bewusst macht, dass man nicht nur ein passiver Kanal, sondern ein aktiver Akteur des Wandels ist. Durch Ihr tiefes Verständnis sowohl für die Strategien der oberen Ebene als auch für die Belange der Mitarbeiter an der Front können Sie wertvolle Einblicke geben, die die Entscheidungsfindung auf allen Ebenen verbessern können. Ihre Rolle ermöglicht es Ihnen, Abstimmungsprobleme oder Kommunikationslücken zu erkennen, bevor sie zu großen Problemen werden, und bietet Ihnen die Möglichkeit, einzugreifen und sie zu lösen. Der mittlere Manager hat somit das Potenzial, eine der einflussreichsten Rollen in einem Unternehmen zu spielen, indem er eine bessere Kommunikation, eine reibungslosere Umsetzung von Strategien und letztlich ein kohärenteres und effektiveres Arbeitsumfeld fördert.

Im Bereich des mittleren Managements ist die Kunst des Delegierens nicht nur eine Fähigkeit, sondern eine Notwendigkeit. Beim Delegieren von Aufgaben geht es nicht darum, Ihren Untergebenen Arbeit abzunehmen, sondern darum, Ihre Teammitglieder zu befähigen, Aufgaben zu übernehmen, die zum Gesamterfolg des Projekts oder der Abteilung beitragen. Dies ist von entscheidender Bedeutung, denn als mittlere Führungskraft haben Sie einen einzigartigen Einblick in die strategischen Ziele der oberen Führungsebene und die taktischen Fähigkeiten Ihres

Teams. Das Gleichgewicht zwischen diesen beiden Aspekten ist von entscheidender Bedeutung, und eine wirksame Delegation kann der Schlüssel zu diesem Gleichgewicht sein.

Warum ist Delegation im mittleren Management so wichtig? Zunächst einmal werden dadurch Ihre Zeit und Ihre geistigen Ressourcen freigesetzt, so dass Sie sich auf Aufgaben konzentrieren können, die nur Sie wahrnehmen können, z. B. die strategische Planung oder die Kommunikation mit der oberen Führungsebene. Es ist leicht, sich in den alltäglichen Aufgaben zu verzetteln, aber das lenkt von Ihrer Hauptaufgabe als Bindeglied zwischen den höheren Ebenen und Ihrem Team ab. Zweitens fördert die Delegation von Aufgaben die Fähigkeiten und Führungsqualitäten Ihrer Teammitglieder. Indem Sie ihnen Aufgaben zuweisen, die ihre Fähigkeiten erweitern, erledigen Sie nicht nur die Arbeit, sondern helfen Ihrem Team auch, sich beruflich weiterzuentwickeln, was wiederum einen Mehrwert für das Unternehmen bedeutet.

Wie delegiert man effektiv? Der erste Schritt besteht darin, sich über die anstehende Aufgabe und die dafür erforderlichen Fähigkeiten klar zu werden. So können Sie die richtigen Aufgaben den richtigen Personen zuweisen. Es geht nicht nur darum, Arbeit zu delegieren, sondern auch darum, jede Aufgabe dem Teammitglied zuzuweisen, das am besten dafür geeignet ist, sie auszuführen. Stellen Sie sicher, dass Sie klare Anweisungen und Erwartungen geben, wenn Sie Aufgaben delegieren, damit Ihr Team genau weiß, wie Erfolg aussieht.

Der nächste Schritt besteht darin, zu vertrauen, aber zu überprüfen. Nachdem Sie eine Aufgabe zugewiesen haben, sollten Sie Ihren Teammitgliedern vertrauen, dass sie diese ausführen, aber auch Mechanismen zur Überprüfung des Fortschritts einrichten. Dies kann so einfach sein wie die Einrichtung regelmäßiger Aktualisierungen oder so strukturiert wie formelle Projektüberprüfungen. Es geht darum, ein Gleichgewicht zu finden zwischen der Autonomie, die Ihr Team zur Erfüllung seiner Aufgaben benötigt, und der Gewährleistung, dass die Arbeit den vom Unternehmen festgelegten Standards und Fristen entspricht.

Geben Sie schließlich sowohl positives als auch konstruktives Feedback. Feiern Sie die Erfolge und sprechen Sie die Schwächen an. Ihr Team kann sich nicht verbessern, wenn es nicht weiß, was es richtig macht oder wo es nachbessern muss. Rechtzeitiges und spezifisches Feedback bestärkt gute Leistungen und korrigiert Fehlentwicklungen, bevor sie zu schlechten Gewohnheiten oder Projektentgleisungen werden.

Zusammenfassend lässt sich sagen, dass die Kunst des Delegierens eine unverzichtbare Fähigkeit für einen Manager der mittleren Ebene ist. Sie maximiert nicht nur die Effizienz und Effektivität, sondern dient auch der Mitarbeiterentwicklung. Wenn Sie diese Kunst beherrschen, schaffen Sie die Voraussetzungen für ein gut funktionierendes Team, das in der Lage ist, die Unternehmensstrategien umzusetzen, und festigen damit Ihre eigene Rolle als unschätzbare Brücke innerhalb des Unternehmens.

Fürsprache und Teambildung werden oft als zwei getrennte Aspekte der Führung betrachtet, aber im Kontext des mittleren Managements sind sie eng miteinander verbunden. Als Brücke zwischen der oberen Führungsebene und den Mitarbeitern an der Front haben Sie die einzigartige Möglichkeit und Verantwortung, sich für die Bedürfnisse und Anliegen Ihres Teams einzusetzen. Dabei geht es nicht nur darum, Beschwerden oder Anfragen weiterzuleiten, sondern sich für die Belange Ihres Teams einzusetzen, um sicherzustellen, dass es die Ressourcen, die Unterstützung und die Arbeitsumgebung erhält, die es braucht, um sein Bestes zu geben.

Sich für Ihr Team einzusetzen, ist aus mehreren Gründen wichtig. Erstens trägt es zur Zufriedenheit und Moral der Mitarbeiter bei. Wenn Teammitglieder das Gefühl haben, gehört zu werden und zu sehen, dass ihre Anliegen berücksichtigt werden, fördert dies das Gefühl der Zugehörigkeit und des Vertrauens innerhalb des Teams. Das kann unglaublich motivierend sein und zu höherer Produktivität und niedrigeren Fluktuationsraten führen. Ihre Fürsprache bestätigt die Bemühungen und Herausforderungen

Ihres Teams und schafft eine Atmosphäre des gegenseitigen Respekts und der Zusammenarbeit.

Zweitens trägt die Fürsprache dazu bei, die Unternehmensziele mit den Fähigkeiten des Teams in Einklang zu bringen. Indem Sie die Bedürfnisse und Bedenken Ihres Teams gegenüber der oberen Führungsebene äußern, tragen Sie dazu bei, die Feedbackschleife zu schließen, die für die strategische Entscheidungsfindung unerlässlich ist. Vielleicht braucht Ihr Team eine zusätzliche Schulung, um neue Aufgaben zu bewältigen, oder es braucht mehr Arbeitskräfte, um die Projekttermine einzuhalten. Was auch immer der Fall sein mag, Ihre Rolle als Fürsprecher stellt sicher, dass die oberste Führungsebene ein klares und genaues Verständnis dessen hat, was vor Ort geschieht, so dass sie fundierte Entscheidungen treffen kann, die dem gesamten Unternehmen zugute kommen.

Aber wie können Sie sich effektiv für Ihr Team einsetzen? Es beginnt mit Zuhören und Verstehen. Stellen Sie sicher, dass Sie sich regelmäßig mit Ihrem Team austauschen, um dessen Anliegen und Bedürfnisse zu erfahren. Wenn Sie sich an die obere Führungsebene wenden, sollten Sie konkrete Beispiele und, wenn möglich, Daten zur Untermauerung Ihrer Argumente vorlegen. Dies stärkt nicht nur Ihre Argumente, sondern signalisiert sowohl Ihrem Team als auch der oberen Führungsebene, dass Sie diese Aufgabe ernst nehmen.

Genauso wichtig ist es, dass Sie die Sache weiterverfolgen. Sobald Sie Bedenken geäußert oder Ressourcen angefordert haben, sollten Sie die Kommunikation mit beiden Parteien offen halten. Halten Sie Ihr Team auf dem Laufenden darüber, was getan wird, um seine Bedürfnisse zu erfüllen, und stellen Sie sicher, dass die obere Führungsebene über alle weiteren Entwicklungen informiert ist, die ihre Entscheidungsfindung beeinflussen könnten.

In der Rolle eines mittleren Managers gehen Fürsprache und Teambildung Hand in Hand. Indem Sie sich für die Bedürfnisse und Anliegen Ihres Teams einsetzen, lösen Sie nicht nur unmittelbare Probleme, sondern bauen auch ein stärkeres, geschlosseneres Team auf, das besser für die kommenden Herausforderungen gerüstet ist. Ihre Rolle als Fürsprecher stärkt Ihr Führungsprofil und trägt direkt zum Erfolg des Unternehmens bei, was die Bedeutung des mittleren Managements in jedem erfolgreichen Unternehmen unterstreicht.

Der Aufbau eines starken, kohäsiven Teams ist eine der lohnendsten, aber auch anspruchsvollsten Aufgaben für eine Führungskraft der mittleren Ebene. Die Stärke Ihres Teams spiegelt nicht nur Ihre Führungsqualitäten wider, sondern hat auch einen erheblichen Einfluss auf die Produktivität und den Erfolg Ihrer Abteilung und damit auch des Unternehmens. Im Folgenden finden Sie einige Tipps, die Ihnen dabei helfen, ein kohärentes Team aufzubauen, das jede Herausforderung bewältigen kann.

1. Lernen Sie Ihre Teammitglieder kennen: Persönliche Beziehungen sind für den Zusammenhalt eines Teams von großer Bedeutung. Nehmen Sie sich die Zeit, die Stärken, Schwächen und Karrierewünsche der einzelnen Teammitglieder zu verstehen. Wenn Sie wissen, was Ihr Team auf individueller Ebene motiviert, können Sie Ihren Führungsansatz auf diese Bedürfnisse abstimmen.

2. Setzen Sie klare Ziele: Teams arbeiten am besten, wenn sie ein gemeinsames Ziel haben, das sie gemeinsam anstreben können. Stellen Sie sicher, dass diese Ziele mit den umfassenderen Zielen der Organisation übereinstimmen, damit sich jeder mit dem größeren Ganzen verbunden fühlt.

3. Offene Kommunikation: Schaffen Sie ein Umfeld, in dem sich die Teammitglieder wohl fühlen, wenn sie ihre Ideen und Bedenken mitteilen können. Dies kann durch regelmäßige Teambesprechungen, persönliche Gespräche oder eine Politik der offenen Tür erreicht werden. Das Wichtigste ist, dass die Kommunikation in beide Richtungen geht.

4. Delegieren Sie klug: Nutzen Sie die einzigartigen Fähigkeiten und Talente jedes Teammitglieds, indem Sie Aufgaben in angemessener Weise delegieren. Dies hilft nicht nur,

Aufgaben effizienter zu erledigen, sondern trägt auch zur individuellen Karriereentwicklung und Arbeitszufriedenheit bei.

5. Fördern Sie die Zusammenarbeit: Ermutigen Sie die Teammitglieder, gemeinsam an Projekten zu arbeiten, und bieten Sie ihnen die Möglichkeit, sich gegenseitig weiterzubilden. Dies hilft ihnen, die Aufgaben und Zuständigkeiten der anderen zu verstehen, den Arbeitsablauf zu verbessern und Engpässe zu vermeiden.

6. Feiern Sie Erfolge: Jeder Meilenstein, ob groß oder klein, verdient Anerkennung. Das Feiern von Erfolgen stärkt die Moral und fördert das Gemeinschaftsgefühl. Achten Sie darauf, auch die individuellen Beiträge hervorzuheben, damit sich jeder wertgeschätzt fühlt.

7. Geben Sie konstruktives Feedback: Ein starkes Team ist ein Team, das sich ständig verbessert. Geben Sie rechtzeitig konstruktives Feedback, damit die Teammitglieder verstehen, was sie gut machen und wo sie sich verbessern müssen. Tun Sie dies auf eine Art und Weise, die unterstützend wirkt und das Wachstum fördert, anstatt Ängste oder Ressentiments zu schüren.

8. Lösen Sie Konflikte umgehend: In jeder Gruppe sind Konflikte unvermeidlich. Sprechen Sie Streitigkeiten oder Probleme sofort an, wenn sie entstehen, um zu verhindern, dass sie eskalieren und die Moral des Teams beeinträchtigen.

9. Investieren Sie in Teambuilding: Ob Workshops, Trainingsprogramme oder Teamausflüge - Investitionen in teambildende Maßnahmen können eine neue Perspektive eröffnen und die zwischenmenschlichen Beziehungen verbessern.

10. Seien Sie konsequent: Und schließlich ist die Beständigkeit Ihrer Handlungen und Erwartungen für das Team tonangebend. Egal, wie Sie mit Erfolgen oder Rückschlägen umgehen, Ihr Team wird sich an Ihrem Verhalten orientieren.

Seien Sie die Führungspersönlichkeit, auf die sie sich verlassen können, egal in welcher Situation.

Wenn Sie diese Tipps beherzigen, sind Sie auf dem besten Weg, ein starkes Team aufzubauen, das nicht nur produktiv, sondern auch engagiert ist und sich für hervorragende Leistungen einsetzt.

In der Rolle des mittleren Managements kann man leicht in die Falle tappen, nur ein Bote zu sein, der die Anweisungen des oberen Managements an die Mitarbeiter an der Front weitergibt und umgekehrt. Kommunikation ist zwar ein wichtiger Aspekt der Arbeit, aber die bloße Weitergabe von Informationen schöpft das Potenzial der Rolle des mittleren Managers nicht voll aus. Mehr als nur ein Bote zu sein, bedeutet, die Initiative zu ergreifen und ein Problemlöser zu werden, was sowohl für das Team, das Sie leiten, als auch für das Unternehmen als Ganzes einen erheblichen Mehrwert darstellt.

Wer als Problemlöser einen Mehrwert schaffen will, muss proaktiv an Herausforderungen herangehen. Anstatt nur Anweisungen zu erteilen, sollten Sie sich die Zeit nehmen, die zugrunde liegenden Ziele und mögliche Hindernisse auf dem Weg zu ihnen zu verstehen. So können Sie potenzielle Probleme vorhersehen und an Lösungen arbeiten, bevor sie sich zu größeren Problemen auswachsen. Wenn die oberste Leitung beispielsweise einen bestimmten Produktionsprozess beschleunigen möchte, könnten Sie, anstatt das Team nur anzuweisen, schneller zu arbeiten, nach Möglichkeiten suchen, den Arbeitsablauf zu straffen oder Engpässe zu beseitigen.

Der Vorteil dieses Ansatzes ist ein zweifacher. Erstens können Sie als Brücke zwischen der oberen Führungsebene und den Mitarbeitern an der Basis fungieren, indem Sie hochgesteckte Ziele in umsetzbare Pläne umwandeln. Zweitens positionieren Sie sich als Führungspersönlichkeit innerhalb Ihres Teams, als jemand, der Herausforderungen annimmt und nach Lösungen sucht, anstatt nur Befehle weiterzugeben.

Um ein effektiver Problemlöser zu sein, müssen Sie mehrere Fähigkeiten und Qualitäten kultivieren. Kritisches Denken ist unabdingbar; dadurch können Sie verschiedene Lösungen bewerten und deren Ergebnisse vorhersagen. Genauso wichtig ist die Fähigkeit, mit anderen zusammenzuarbeiten. Ob Sie nun mit Ihrem Team ein Brainstorming durchführen oder mit anderen Abteilungen über Ressourcen verhandeln, Problemlösungen sind oft eine gemeinsame Anstrengung. Und schließlich sollten Sie die Kraft der Resilienz nicht unterschätzen. Nicht für jedes Problem gibt es eine einfache oder sofortige Lösung, und Rückschläge sind ein natürlicher Teil des Prozesses.

Denken Sie daran, dass die besten Führungskräfte nicht nur Boten oder Entscheidungsträger sind, sondern Personen, die proaktiv Probleme erkennen und kreativ an deren Lösung arbeiten. Indem Sie in Ihrer Rolle einen Problemlösungsansatz verfolgen, heben Sie Ihre Position als mittlere Führungskraft hervor und schaffen einen Mehrwert, der über die Grenzen Ihres Teams oder Ihrer Abteilung hinausgeht. Dies macht Sie nicht nur zu einer unschätzbaren Bereicherung für Ihr Unternehmen, sondern ebnet auch den Weg für Ihr eigenes berufliches Fortkommen und Ihre Arbeitszufriedenheit.

Die effektive Kommunikation von Anliegen und Vorschlägen an die obere Führungsebene ist eine Fähigkeit, die sowohl für Ihr Team als auch für das gesamte Unternehmen von großer Bedeutung sein kann. Vorbereitung ist der Schlüssel. Bevor Sie sich an die obere Führungsebene wenden, sollten Sie wissen, was Sie sagen wollen, und Daten oder Beispiele zur Untermauerung Ihrer Argumente bereithalten. Suchen Sie einen Zeitpunkt, an dem Ihr Gesprächspartner weder zu beschäftigt noch gestresst ist, und wählen Sie einen ruhigen, privaten Rahmen, um ein konzentriertes Gespräch zu gewährleisten.

Es ist von entscheidender Bedeutung, die Sprache der oberen Führungsebene zu sprechen, die sich oft auf übergreifende Unternehmensziele wie Rentabilität, Wachstum und Effizienz konzentriert. Formulieren Sie Ihre Anliegen so, dass ein klarer Bezug zu diesen Zielen hergestellt wird. Achten Sie darauf, sich kurz zu fassen, da Führungskräfte in der Regel unter Zeitdruck stehen. Kommen Sie schnell zum Kern des Problems, aber bieten Sie genug Kontext, damit Ihre Punkte klar sind.

Ergreifen Sie die Initiative und schlagen Sie mögliche Lösungen vor, anstatt nur Probleme zu benennen. Dieser proaktive Ansatz zeigt Ihr Engagement für die Verbesserung der Organisation. Der Einsatz emotionaler Intelligenz während des Gesprächs kann ebenfalls von Vorteil sein. Schätzen Sie ab, wie die andere Person reagiert, und seien Sie bereit, umzuschwenken oder mehr Informationen zu liefern, wenn sie skeptisch oder defensiv erscheint. Diplomatie und Taktgefühl sind unerlässlich. Ehrlichkeit ist zwar wichtig, aber die Art und Weise, wie Sie Ihr Anliegen vortragen, kann den Unterschied ausmachen.

Nach dem Gespräch sollten Sie eine E-Mail schreiben, in der Sie das Besprochene zusammenfassen und die nächsten Schritte skizzieren. Sie dient als Nachweis und bekräftigt Ihr Engagement, das Problem zu lösen. Und schließlich: Lassen Sie sich nicht entmutigen, wenn sich nicht sofort etwas ändert. Wenn Sie glauben, dass Ihre Vorschläge sinnvoll sind, bleiben Sie hartnäckig. Warten Sie auf einen günstigen Zeitpunkt, um das Thema erneut anzusprechen, vor allem wenn Sie neue Daten oder einen anderen Blickwinkel haben, der Ihre Argumente überzeugender macht.

Durch die Anwendung dieser Methoden können Sie effektiver mit der oberen Führungsebene kommunizieren, sich besser für Ihr Team einsetzen und sich als aufmerksame Führungskraft im Unternehmen etablieren.

Abschließend haben wir uns in diesem Kapitel mit den komplexen Aspekten einer erfolgreichen Tätigkeit im mittleren Management befasst und dabei sowohl die Herausforderungen als auch die Chancen hervorgehoben. Wir haben die wichtige Funktion des mittleren Managements als Bindeglied zwischen der oberen Führungsebene und den Mitarbeitern an der Front erforscht. Effektives Delegieren erwies sich als Eckpfeiler für die Erzielung maximaler Teamproduktivität bei gleichzeitigem Freiraum für andere Führungsaufgaben. Der Schwerpunkt lag auch auf der Bedeutung des Einsatzes für Ihr Team, der über die bloße Vertretung von Beschwerden hinausgeht und die Schaffung eines optimalen Arbeitsumfelds beinhaltet. Ein aktiver Problemlösungsansatz wertet die Rolle des mittleren Managements zusätzlich auf und zeigt, dass man mehr kann, als nur Nachrichten weiterzuleiten. Eine strategische, datengestützte Kommunikation mit der oberen Führungsebene, die sich an den übergeordneten Unternehmenszielen orientiert, ist entscheidend, um Ihre Ideen und Anliegen wirksam zu vermitteln. Wenn Sie diese Grundsätze beherzigen, werden Sie sich auf dem komplizierten, aber wichtigen Terrain des mittleren Managements zurechtfinden und einen wichtigen Beitrag zum Erfolg Ihres Teams und Ihrer Organisation leisten.

Oft scheint es, dass das mittlere Management eine wenig beneidenswerte Position einnimmt, eingezwängt zwischen den Anforderungen des oberen Managements und den Bedürfnissen der Mitarbeiter an der Front. Dieser einzigartige Blickwinkel bietet jedoch Möglichkeiten für eine wirkungsvolle Führung, die denjenigen an den beiden Enden der Organisationshierarchie nicht zur Verfügung stehen. Sie haben die Fähigkeit, der Dreh- und Angelpunkt zu sein, der beide Seiten zusammenhält, eine Rolle, die nicht nur wichtig ist, sondern auch unglaublich erfüllend, wenn sie gut ausgeführt wird.

Betrachten Sie Ihre Position nicht als rein transaktional, sondern als transformatorisch. Sie übermitteln nicht nur Nachrichten, sondern gestalten die Kultur, bauen das Team auf und beeinflussen die Zukunft Ihres Unternehmens. Ihre Fähigkeit, klug zu delegieren, effektiv zu vertreten und strategisch zu kommunizieren, macht Sie zu einer Führungspersönlichkeit, die echte, sinnvolle Veränderungen herbeiführen kann.

Stellen Sie sich den Herausforderungen und Komplexitäten des mittleren Managements. Die Fähigkeiten und Lektionen, die Sie in dieser Rolle lernen, sind von unschätzbarem Wert und werden Ihnen zugute kommen, ganz gleich, wohin Ihre Karriere Sie führt. Die Rolle bringt zwar eine Reihe einzigartiger Hürden mit sich, aber die Bewältigung dieser Hürden macht Sie nicht nur zu einem besseren Manager, sondern auch zu einer besseren Führungskraft. In jeder Herausforderung liegt eine Chance für Wachstum, und in jeder Interaktion liegt das Potenzial für eine transformative Führung. Nehmen Sie die Zügel in die Hand und machen Sie das Beste aus dieser einzigartigen Gelegenheit, aus der Mitte heraus zu führen.

Kleine Unternehmen, Große Wirkung

In der heutigen globalen Wirtschaft sind kleine Unternehmen nicht nur das Rückgrat, sondern auch das Lebenselixier von Gemeinden und Nationen im Allgemeinen. Sie schaffen Arbeitsplätze, fördern die Innovation und sind oft das Fundament der lokalen Wirtschaft. Allein in den Vereinigten Staaten entfallen rund 44 % der Wirtschaftsaktivität auf kleine Unternehmen. Sie sind nicht nur Einzelhändler oder Dienstleister, sondern auch Treffpunkte für die Gemeinschaft, Symbole des Bürgerstolzes und oft Ausgangspunkt für lokale Initiativen und wohltätige Aktivitäten. In diesem Sinne dienen Kleinunternehmen als Drehscheiben für wirtschaftliches und soziales Engagement und hinterlassen einen unauslöschlichen Einfluss, der weit über ihre Größe hinausgeht.

Die Leitung eines solchen Unternehmens bietet unvergleichliche Führungsmöglichkeiten, die sich von denen in größeren Unternehmen unterscheiden. Große Unternehmen arbeiten oft innerhalb etablierter Hierarchien, starrer Prozesse und Schichten von Bürokratie, die Kreativität und individuelle Initiative ersticken können. Sie bieten zwar die Sicherheit der Größe, lassen aber oft die Beweglichkeit und den persönlichen Kontakt vermissen, die für kleine Unternehmen charakteristisch sind. In einem kleinen Unternehmen hingegen hat die Führung unmittelbare Konsequenzen. Entscheidungen werden im gesamten Unternehmen in Echtzeit getroffen, und die Führungskraft hat nicht nur die Möglichkeit, sondern auch die Verantwortung, die Kultur, die Werte und die zukünftige Ausrichtung des Unternehmens zu gestalten.

Aufgrund dieser unmittelbaren Auswirkungen bedeutet Führung in einem kleinen Unternehmen oft, dass man mehrere Hüte tragen muss. Sie sind nicht nur ein Entscheidungsträger, sondern auch ein

Mentor, ein Visionär, ein Vermittler und manchmal sogar ein Fußsoldat. Jede Rolle, die Sie übernehmen, hat unmittelbare und nachhaltige Auswirkungen auf Ihr Team und die Gemeinschaft, der Sie dienen. Dies bietet eine tiefgreifende und erfüllende Führungserfahrung, die zwar eine Herausforderung darstellt, aber auch die Möglichkeit bietet, einen spürbaren, positiven Unterschied zu schaffen.

Dieses Kapitel führt Sie durch die einzigartigen Facetten der Führung im Ökosystem der Kleinunternehmen. Es wird Sie mit den Strategien und Erkenntnissen ausstatten, die Sie benötigen, um sich in den vielfältigen Rollen, die Sie übernehmen werden, nicht nur zurechtzufinden, sondern auch erfolgreich zu sein. Ganz gleich, ob Sie Ihr Team motivieren, eine Innovationskultur fördern oder ein förderliches Arbeitsumfeld schaffen, Ihre Führungsqualitäten können eine große Wirkung haben und beweisen, dass im Bereich der Kleinunternehmen klein nicht gleichbedeutend mit unbedeutend ist.

In einem kleinen Unternehmen kann die Macht eines motivierten Teams gar nicht hoch genug eingeschätzt werden. Im Gegensatz zu größeren Unternehmen, in denen der Beitrag des Einzelnen in den Weiten der Organisation untergehen kann, spielt jedes Teammitglied in einem kleinen Unternehmen eine entscheidende Rolle. Ihre Leistung, ihre Einstellung und ihre Arbeitsmoral haben einen direkten und unmittelbaren Einfluss auf die Produktivität, den Kundenservice und das gesamte Geschäftsumfeld. Im Grunde genommen ist jedes Teammitglied ein Markenbotschafter und ein wichtiges Rädchen im Getriebe des Tagesgeschäfts. Aus diesem Grund ist die Motivation Ihres Teams nicht nur eine Herausforderung für die Führung, sondern auch ein Muss für ein kleines Unternehmen.

Ein wirksamer Ansatz zur Aufrechterhaltung einer hohen Arbeitsmoral ist die regelmäßige Rückmeldung an Ihr Team. Anders als in größeren Unternehmen, in denen hierarchische Ebenen die direkte Kommunikation erschweren können, haben Führungskräfte in kleinen Unternehmen in der Regel den Luxus eines direkteren und häufigeren Austauschs mit ihren

Teammitgliedern. Diese Gespräche sollten sich nicht nur auf die Unternehmensleistung beschränken, sondern auch die persönliche Entwicklung, die Work-Life-Balance und andere Faktoren ansprechen, die zur Arbeitszufriedenheit beitragen. Indem Sie den Puls des emotionalen Zustands Ihres Teams fühlen, können Sie Probleme vorhersehen, bevor sie eskalieren, und Probleme im Keim ersticken.

Anerkennung ist ein weiterer starker Motivator. In kleinen Unternehmen haben die Führungskräfte die Möglichkeit, genau zu wissen, wer zu was beigetragen hat, und die öffentliche Anerkennung dieser Leistungen kann die Moral erheblich steigern. Egal, ob es sich um einen erfolgreichen Projektabschluss, eine hervorragende Bewertung des Kundendienstes oder sogar um ein Firmenjubiläum handelt - feiern Sie es. Anerkennung fördert eine Kultur der Leistung und ermutigt das Team, sich in gleicher Weise zu verhalten.

Die berufliche Entwicklung wird oft als einer der wichtigsten Motivatoren für die Zufriedenheit am Arbeitsplatz genannt. In größeren Organisationen können die Karrierewege oft linear und bürokratisch sein, aber in einem kleinen Unternehmen können die Wege so vielfältig sein, wie Sie sie gestalten. Auch wenn Sie vielleicht nicht den gleichen vertikalen Karriereweg wie ein multinationales Unternehmen bieten können, so können Sie doch andere wertvolle Entwicklungsmöglichkeiten wie Cross-Training, Mentoring oder die Teilnahme an Branchenveranstaltungen anbieten. Indem Sie sich für die berufliche Entwicklung Ihres Teams engagieren, steigern Sie nicht nur die Arbeitsmoral, sondern schaffen auch eine qualifiziertere und vielseitigere Belegschaft.

Der Wert eines motivierten Teams in einem kleinen Unternehmen ist exponentiell. Es ist wichtig, dass Führungskräfte dies erkennen und Systeme und Praktiken einführen, die sicherstellen, dass Teammitglieder engagiert, anerkannt und gefördert werden. Durch regelmäßige Besprechungen, die Anerkennung von Leistungen und Investitionen in die berufliche Entwicklung können Sie ein motiviertes Team aufbauen, das nicht nur zum Geschäftserfolg beiträgt, sondern auch den Arbeitsplatz zu einem erfüllenden Umfeld für alle Beteiligten macht.

Die Agilität kleiner Unternehmen ist einer ihrer größten Vorteile, insbesondere in einem sich schnell entwickelnden Markt. Im Gegensatz zu größeren Unternehmen, die oft unter Bürokratie und langsamen Entscheidungsprozessen leiden, können kleine Unternehmen schnell umschwenken, sich an Veränderungen anpassen und neue Strategien mit minimalem bürokratischem Aufwand umsetzen. Diese Agilität bietet einen fruchtbaren Boden für Innovationen, so dass kleine Unternehmen in einer einzigartigen Position sind, um Märkte zu verändern, neue Kundenbedürfnisse zu erfüllen und neue Methoden oder Technologien zu entwickeln.

In einem solch dynamischen Umfeld ist die Förderung einer Innovationskultur nicht nur von Vorteil, sondern für das langfristige Überleben und Wachstum unerlässlich. Als Führungskraft ist es Ihre Aufgabe, die Voraussetzungen für innovatives Denken zu schaffen, phantasievolle Problemlösungen zu fördern und ein Umfeld zu schaffen, in dem Experimente nicht nur erlaubt sind, sondern gefeiert werden.

Eine der einfachsten Möglichkeiten, Innovationen zu fördern, sind regelmäßige Brainstorming-Sitzungen. Dabei muss es sich nicht um formelle Sitzungen handeln, sondern kann auch ein wöchentliches Treffen sein, bei dem die Teammitglieder ermutigt werden, ihre Gedanken frei zu äußern. Das Wichtigste dabei ist, dass es sich um eine urteilsfreie Zone handelt, in der auch die ausgefallensten Ideen willkommen sind. Denken Sie daran: Die lächerliche Idee von heute kann die bahnbrechende Innovation von morgen sein.

Finanzielle oder andere greifbare Anreize können ebenfalls ein starker Motivator für innovatives Denken sein. Erwägen Sie die Einführung eines Belohnungssystems für Ideen, die zu Kosteneinsparungen, Umsatzwachstum oder betrieblicher

Effizienz beitragen. In einem kleinen Unternehmen sind die Auswirkungen des Beitrags jedes einzelnen Teammitglieds viel sichtbarer, so dass es einfacher ist, den Erfolg bestimmten Ideen zuzuschreiben und die Verantwortlichen entsprechend zu belohnen.

Die Schaffung eines sicheren Raums für Experimente ist ebenfalls entscheidend für die Förderung von Innovation. Die Teammitglieder sollten sich wohl fühlen, wenn sie kalkulierte Risiken eingehen, ohne Angst vor Konsequenzen, wenn sie scheitern. Scheitern sollte sogar als wertvolle Lernmöglichkeit anerkannt werden, die Erkenntnisse für künftige Bemühungen liefert. Wenn z. B. eine neue Marketingtaktik nicht die erwarteten Ergebnisse bringt, liefert die Erfahrung Datenpunkte, die in künftige Strategien einfließen können.

Eine Kultur der Innovation geht oft von der Spitze aus. Seien Sie als Führungskraft bereit, den Status quo in Frage zu stellen, traditionelle Methoden zu hinterfragen und Grenzen zu überschreiten. Ihr Enthusiasmus für Innovation wird ansteckend sein und Ihr Team dazu inspirieren, kreativ zu denken und Risiken einzugehen.

Indem Sie Innovation zu einem festen Bestandteil Ihrer Unternehmenskultur machen, nutzen Sie nicht nur die einem kleinen Unternehmen innewohnende Flexibilität, sondern schaffen auch ein anregendes Arbeitsumfeld. Damit legen Sie den Grundstein für eine Zukunft, die nicht durch das begrenzt wird, was Sie heute tun, sondern durch das inspiriert wird, was Sie morgen tun könnten.

In einem kleinen Unternehmen ist jeder Mitarbeiter mehr als nur ein Rädchen im Getriebe. Sie sind integraler Bestandteil einer eng vernetzten Gemeinschaft, in der das Handeln des Einzelnen eine unmittelbare und sichtbare Wirkung hat. Daher ist die Arbeitskultur in einem kleinen Unternehmen nicht nur ein Schlagwort, sondern ein entscheidendes Element, das die Arbeitszufriedenheit, die Produktivität und den Gesamterfolg des Unternehmens beeinflusst.

Ein positives Arbeitsumfeld entsteht nicht einfach so, sondern wird durch gezielte Maßnahmen und konsequente Bemühungen geschaffen. Eine einladende Kultur gibt den Mitarbeitern nicht nur das Gefühl, wertgeschätzt zu werden, sondern steigert auch ihr Engagement für das Unternehmen, was sich auf alles auswirkt - vom Kundenservice bis hin zu Innovation und langfristigem Wachstum.

Offene Kommunikation ist der Grundstein für eine positive Arbeitskultur. In einem kleinen Unternehmen können Sie ein Umfeld schaffen, in dem Stimmen gehört und geschätzt werden. Teamsitzungen sollten mehr sein als nur eine Aufzählung von Aufgaben und Aktualisierungen; sie sollten eine Plattform für einen offenen Dialog sein, bei dem sich jeder frei fühlt, seine Ideen, Bedenken oder sogar Meinungsverschiedenheiten zu äußern. Sie könnten auch eine Politik der offenen Tür einführen, bei der die Teammitglieder wissen, dass sie mit allem zu Ihnen kommen können, sei es ein geschäftliches Problem oder ein persönliches Anliegen, das die Arbeitsleistung beeinträchtigt.

Neben der Kommunikation können teambildende Maßnahmen einen wichtigen Beitrag zum Aufbau starker Beziehungen zwischen den Teammitgliedern leisten. Im Gegensatz zu großen Unternehmen, in denen sich teambildende Übungen oft gezwungen oder irrelevant anfühlen, haben Sie in einem kleinen Unternehmen die Möglichkeit, diese Aktivitäten auf die individuellen Persönlichkeiten und Bedürfnisse Ihres Teams abzustimmen. Ob es sich nun um einen monatlichen Ausflug, ein wöchentliches Teamessen oder eine spezielle Gruppenaktivität handelt, solche Initiativen tragen dazu bei, Mauern zu überwinden, Vertrauen aufzubauen und ein Gefühl der Kameradschaft zu fördern.

Berufliche Entwicklung ist ein weiterer wichtiger Aspekt eines einladenden Arbeitsumfelds. In größeren Unternehmen sind die Wege für die berufliche Entwicklung oft klar definiert, aber in einem kleinen Unternehmen sind sie vielleicht nicht so offensichtlich. Das bedeutet jedoch nicht, dass es keine Entwicklungsmöglichkeiten gibt. Im Gegenteil, die enge Struktur ermöglicht es Ihnen, individuelle Stärken und Schwächen klarer zu erkennen und gezielte Verbesserungsmöglichkeiten zu bieten. Von Online-Kursen und -Workshops bis hin zu Cross-Training oder Mentorenprogrammen: Wenn Sie Möglichkeiten zur beruflichen Weiterentwicklung bieten, fühlen sich Ihre Mitarbeiter wertgeschätzt und in das Unternehmen investiert, was die Arbeitskultur weiter bereichert.

Der Aufbau eines positiven Arbeitsumfelds in einem kleinen Unternehmen ist ein vielschichtiges Unterfangen, das sich in hohem Maße auszahlt. Das Vertrauen, die Kameradschaft und der Sinn für ein gemeinsames Ziel, die von einer gut gepflegten Arbeitskultur ausgehen, können die entscheidenden Faktoren sein, die Ihr kleines Unternehmen auf einem wettbewerbsorientierten Markt auszeichnen. Indem Sie sich auf offene Kommunikation, teambildende Maßnahmen und berufliche Entwicklungsmöglichkeiten konzentrieren, verbessern Sie nicht nur die alltäglichen Erfahrungen Ihrer Mitarbeiter, sondern tragen auch zum langfristigen Erfolg und zur Nachhaltigkeit Ihres Unternehmens bei.

Die Skalierung eines Unternehmens ist oft der Traum eines jeden Unternehmers, ein Zeichen dafür, dass seine Bemühungen und Risiken Früchte getragen haben. Aber die Skalierung kommt nicht ohne eine Reihe einzigartiger Herausforderungen aus, vor allem für kleine Unternehmen, die von ihrer Agilität, ihren eng verbundenen Teams und ihrer ausgeprägten Unternehmenskultur profitiert haben. Eine der schwierigsten Herausforderungen besteht darin, die Seele Ihres kleinen Unternehmens zu bewahren, während es zu einer größeren Einheit heranwächst. Wie bewahren Sie die Agilität, die es Ihnen ermöglicht hat, Chancen schnell zu ergreifen? Wie bewahren Sie die Unternehmenskultur, die Ihrem Team das Gefühl gab, eine Familie zu sein und nicht nur Angestellte? Und was vielleicht am wichtigsten ist: Wie können Sie wachsen, ohne ein gesichtsloses Unternehmen zu werden?

Als Erstes sollten Sie daran denken, dass es bei der Skalierung nicht nur darum geht, die Zahl der Mitarbeiter, der Kunden oder der Einnahmen zu erhöhen. Es geht um ein Wachstum, das nachhaltig ist und die Kernwerte und Vorteile bewahrt, die Ihr kleines Unternehmen von Anfang an erfolgreich gemacht haben. Auch wenn Sie höhere Umsätze und einen größeren Marktanteil anstreben, ist es wichtig, dass Sie sich Gedanken darüber machen, wie jede Entscheidung mit Ihrer ursprünglichen Mission und Vision in Einklang steht.

Ein wichtiger Aspekt ist dabei die Unternehmenskultur. Wenn mehr Menschen zu Ihrem Unternehmen stoßen, besteht die Gefahr, dass die engmaschige Kultur, die Sie sich hart erarbeitet haben, verwässert wird. Eine Möglichkeit, diese zu bewahren, besteht darin, Ihre ursprünglichen Teammitglieder in den Einführungs- und Schulungsprozess neuer Mitarbeiter einzubeziehen. Sie können das Ethos und die Werte vermitteln, die für Ihr Unternehmen wichtig waren, und so einen reibungslosen kulturellen Übergang gewährleisten. Überlegen Sie außerdem, ob Sie die Elemente, die Ihre Kultur einzigartig machen, kodifizieren sollten - sei es Ihr Engagement für den Kundenservice, Ihr Innovationsgeist oder Ihr Fokus auf die Vereinbarkeit von Beruf und Familie. Ein gut definiertes, aber flexibles Kulturdokument kann als wertvoller Leitfaden dienen, wenn Ihr Unternehmen wächst.

Eine weitere Herausforderung ist die Aufrechterhaltung der Agilität bei der Skalierung. Größer muss nicht zwangsläufig langsamer bedeuten, aber oft ist es so, wenn keine proaktiven Schritte unternommen werden. Vereinfachen Sie die Entscheidungsprozesse, um bürokratische Verzögerungen zu vermeiden. Ermutigen Sie die Abteilungen zur Zusammenarbeit und offenen Kommunikation, um sicherzustellen, dass die linke Hand immer weiß, was die rechte Hand tut. Betonen Sie in Teambesprechungen und Leistungsbeurteilungen die Bedeutung der Anpassungsfähigkeit. Ermutigen Sie außerdem weiterhin zur Innovation, auch wenn Sie jetzt 50 oder 100 Mitarbeiter statt nur fünf sind. Ermutigen Sie die Abteilungen, sich Zeit für Brainstorming zu nehmen, und geben Sie ihnen das Budget und die Freiheit, neue Wege und Ideen zu erkunden.

Stellen Sie sicher, dass Ihre Verbindungen zu lokalen Gemeinschaften und Interessengruppen nicht abnehmen, wenn Ihre Einnahmen steigen. Setzen Sie Ihr Engagement für die soziale Verantwortung des Unternehmens oder für philanthropische Zwecke fort, das in der Vergangenheit einfacher zu handhaben war. Es geht darum, auf eine Art und Weise zu wachsen, die Ihre zunehmende Größe zu einem Vorteil und nicht zu einer Belastung macht.

Behalten Sie stets die langfristige Vision für Ihr Unternehmen im Auge. Es ist leicht, sich in den täglichen Herausforderungen der Skalierung zu verlieren und aus den Augen zu verlieren, warum Sie das Unternehmen überhaupt gegründet haben. Regelmäßige Strategiesitzungen mit den wichtigsten Teammitgliedern können Ihnen helfen, Ihren Fokus neu auszurichten und sicherzustellen, dass Sie, während Sie wachsen, auch an Qualität und Wirkung gewinnen.

Die Skalierung Ihres kleinen Unternehmens muss nicht mit dem Verlust seiner Seele einhergehen. Wenn Sie sich bewusst darum bemühen, Ihre einzigartige Unternehmenskultur zu erhalten, beweglich zu bleiben und Ihre ursprüngliche Mission im Auge zu behalten, können Sie nicht nur an Größe, sondern auch an Wirkung und Integrität gewinnen.

Sehen wir uns einige Beispiele aus der Praxis an, um zu veranschaulichen, wie kleine Unternehmen skalieren können, ohne ihre einzigartigen Qualitäten zu verlieren.

Warby Parker: Der ursprünglichen Vision treu bleiben

Warby Parker begann als kleines Online-Unternehmen, das den Brillenmarkt mit erschwinglichen, stilvollen Brillen aufmischte. Als das Unternehmen wuchs, expandierte es in Einzelhandelsgeschäfte, behielt aber seinen ursprünglichen Fokus auf Erschwinglichkeit und Kundenerfahrung bei. Durch die Einbindung des frühen Teams in wichtige Entscheidungsprozesse und die Beibehaltung einer Kultur, in der Feedback einen hohen Stellenwert hat, ist es dem Unternehmen gelungen, zu wachsen, ohne seine ursprüngliche Vision aus den Augen zu verlieren. Trotz des rasanten Wachstums engagiert sich Warby Parker weiterhin für soziale Belange, indem das Unternehmen für jede verkaufte Brille eine Brille an einen Bedürftigen spendet.

Mailchimp: Unternehmenskultur bewahren

Mailchimp, eine All-in-One-Marketingplattform für kleine Unternehmen, ist seit seiner Gründung im Jahr 2001 stark gewachsen, hat aber seine Unternehmenskultur bewusst beibehalten. Das Führungsteam pflegt eine offene Kommunikation mit den Mitarbeitern, und regelmäßige Townhall-Meetings sorgen dafür, dass alle an einem Strang ziehen. Das Unternehmen wurde bereits mehrfach als eines der besten Arbeitgeber ausgezeichnet, was zeigt, dass es trotz seines Wachstums den Schwerpunkt auf die Schaffung einer lohnenden, integrativen Umgebung für seine Mitarbeiter legt.

Basecamp: Schwerpunkt auf Work-Life-Balance

Basecamp ist ein Unternehmen für Projektmanagement-Software, das sehr erfolgreich ist, aber weniger als 60 Mitarbeiter beschäftigt. Einer der Schlüssel zum Erfolg ist die starke Fokussierung auf die Work-Life-Balance, die ein zentraler Bestandteil der Unternehmenskultur ist. Trotz seiner Größe und seines Einflusses erlaubt Basecamp seinen Mitarbeitern, aus der Ferne zu arbeiten, gewährt ihnen alle drei Jahre ein einmonatiges Sabbatical und legt großen Wert auf eine 40-Stunden-Arbeitswoche. Dies hat zu einem hoch motivierten Team geführt, das die Werte des Unternehmens teilt und zeigt, wie die Unternehmenskultur bei gleichzeitiger Skalierung erhalten werden kann.

Ben & Jerry's: Gleichgewicht zwischen Wachstum und sozialer Wirkung

Der Eiscreme-Riese Ben & Jerry's begann in einer kleinen Tankstelle in Vermont und hat sich seitdem zu einer internationalen Marke entwickelt. Dabei hat er jedoch darauf geachtet, seinen sozialen Auftrag nicht aufzugeben. Auch nach der Übernahme durch Unilever behält das Unternehmen einen unabhängigen Vorstand, der sicherstellt, dass es seinen sozialen Zielen treu bleibt, zu denen die Verpflichtung zu fairem Handel, gentechnikfreien Zutaten und Initiativen für soziale Gerechtigkeit gehören.

Diese Fallstudien zeigen, dass kleine Unternehmen mit sorgfältiger Planung, einer starken Vision und dem Engagement für die Aufrechterhaltung von Kultur und Werten erfolgreich skalieren können, ohne die Qualitäten zu verlieren, die sie von Anfang an einzigartig und wertvoll gemacht haben.

Zum Abschluss dieses Kapitels ist es von entscheidender Bedeutung, die einzigartige und einflussreiche Rolle anzuerkennen, die kleine Unternehmen in unserer Wirtschaft und unseren Gemeinden spielen. Auch wenn sie nicht über die umfangreichen Ressourcen größerer Unternehmen verfügen, bieten ihre Flexibilität und die Nähe ihrer Teams einzigartige Vorteile. Dies gibt den Führungskräften kleiner Unternehmen die Möglichkeit, ein hoch motiviertes Team zu fördern, eine innovative Kultur zu kultivieren und ein einladendes Arbeitsumfeld zu schaffen. Dies sind keine rein theoretischen Überlegungen, sondern bewährte Strategien, die von erfolgreichen Kleinunternehmen wie Warby Parker, Mailchimp, Basecamp und Ben & Jerry's angewendet werden. Jedes dieser Unternehmen hat sich vergrößert und war erfolgreich, während es gleichzeitig seine Grundwerte und seine Kultur bewahrt hat, was jedem kleinen Unternehmen wertvolle Lektionen erteilt.

Als Führungskraft in einem kleinen Unternehmen befinden Sie sich in einer außergewöhnlichen Position, um nicht nur Ihr Team, sondern auch Ihre Gemeinschaft als Ganzes zu beeinflussen. Die Intimität eines kleinen Unternehmens ermöglicht es, direkt auf die einzelnen Mitarbeiter einzuwirken, und bietet so ein ideales Umfeld für die Umsetzung von Veränderungen, die eine erhebliche Wirkung haben können. Ob durch regelmäßige Gespräche, die Belohnung von Innovationen oder die Förderung der Work-Life-Balance - diese kleinen, aber sinnvollen

Maßnahmen können zu bedeutenden Ergebnissen führen. Nehmen Sie daher die Herausforderungen und Chancen an, die mit der Führung eines kleinen Unternehmens verbunden sind. Nutzen Sie Ihre einzigartige Position, um etwas zu bewirken, das über die Gewinnspanne hinausgeht und sich im Leben Ihrer Teammitglieder und der Gemeinschaft, der Sie dienen, bemerkbar macht.

Führen von dort aus, wo Sie sind

In der heutigen Welt assoziieren wir Führung oft mit Personen in Machtpositionen - CEOs, Politiker und andere hochrangige Fachleute. Diese Wahrnehmung kann dazu führen, dass wir den immensen Wert und die Wirkung dessen übersehen, was man als "unsichtbare Führung" bezeichnen kann - die Art, die nicht mit einem Titel oder einem Eckbüro verbunden ist. Dieses Kapitel soll diese enge Sichtweise in Frage stellen und das Potenzial eines jeden von uns beleuchten, unabhängig von seiner Position in einer Hierarchie eine Führungspersönlichkeit zu sein.

Es stimmt zwar, dass ausgewiesene Führungspersönlichkeiten über ein gewisses Maß an Macht und Einfluss verfügen, aber sie haben kein Monopol auf die Fähigkeit, Veränderungen zu bewirken, andere zu inspirieren oder etwas zu bewirken. Jeder von uns, ob Student, Angestellter in einem kleinen Unternehmen, Elternteil oder sogar ein Passant auf der Straße, hat das Potenzial, auf seine eigene Weise zu führen. Das Fehlen eines formellen Titels sollte niemanden davon abhalten, die Chance zu ergreifen, zu führen. Tatsächlich geht die stärkste Form der Führung manchmal von denjenigen aus, die einfach deshalb führen, weil sie eine Gelegenheit für positive Veränderungen sehen und es auf sich nehmen, zu handeln. Diese Menschen wissen, dass man keine Erlaubnis braucht, um einen positiven Einfluss zu haben.

Denken Sie an die Momente in Ihrem Leben, die Sie am meisten inspiriert haben. Die Wahrscheinlichkeit ist groß, dass nicht alle davon von Menschen mit großer Autorität über Sie kamen. Vielleicht war es ein Kollege, der Ihnen bei einem Projekt geholfen hat, ein Familienmitglied, das Ihnen bei einer schwierigen Lebensentscheidung beigestanden hat, oder sogar ein Fremder, der Ihnen mit einem einfachen Akt der Freundlichkeit den Tag versüßt hat. Dies sind Beispiele für unsichtbare Führung, und sie sind jeden Tag um uns herum zu finden. Sie machen vielleicht keine Schlagzeilen, aber sie machen einen Unterschied. Wenn man Leadership auf seinen Kern reduziert, geht es im Wesentlichen darum, einen positiven Einfluss auf andere auszuüben, und dieses Kapitel wird sich mit den verschiedenen Möglichkeiten befassen, wie wir alle unser Führungspotenzial ausschöpfen können, unabhängig von unseren offiziellen Rollen oder Titeln. Am Ende werden Sie sehen, dass Führung nicht nur etwas für einige wenige Auserwählte ist, sondern ein Weg, der jedem offensteht, der bereit ist, sich zu engagieren und etwas zu bewirken.

Vollständig präsent zu sein, sowohl physisch als auch emotional, ist ein Eckpfeiler effektiver Führung, der oft unterschätzt wird. Bei der Anwesenheit geht es nicht nur darum, einen Platz in einer Besprechung zu besetzen oder an einer gesellschaftlichen Veranstaltung teilzunehmen, sondern sich aktiv auf die Situation und die Menschen um Sie herum einzulassen. Durch Ihre Anwesenheit signalisieren Sie, dass Sie sich nicht nur für die anstehende Aufgabe interessieren, sondern auch für die Beiträge und das Wohlergehen der anderen in diesem Raum. Allein dieser Akt kann die Atmosphäre erheblich beeinflussen und ein positives Klima schaffen, das die Zusammenarbeit, die Innovation und den Respekt fördert.

Wenn Sie wirklich präsent sind, gehen Sie nicht einfach nur zur Tagesordnung über oder sind mit Ihren eigenen Anliegen beschäftigt. Sie sind auf die Nuancen der zwischenmenschlichen Dynamik eingestimmt und nehmen sowohl verbale als auch nonverbale Signale Ihrer Mitmenschen wahr. Diese erhöhte Aufmerksamkeit ermöglicht es Ihnen, überlegter und effektiver auf Situationen zu reagieren, wenn sie entstehen, sei es, um Spannungen in einer hitzigen Sitzung abzubauen, ein angeschlagenes Teammitglied zu ermutigen oder eine unerwartete Gelegenheit zur Innovation zu erkennen und zu nutzen.

Aber wie wird man "voll präsent"? Es beginnt mit Achtsamkeit - der bewussten Konzentration auf das Hier und Jetzt. Das bedeutet, das Telefon auszuschalten und aktiv zuzuhören, wenn jemand spricht, Augenkontakt zu halten und aufmerksame Antworten zu geben. Auf einer tieferen Ebene geht es um emotionale Intelligenz: den eigenen emotionalen Zustand zu erkennen, sich auf die Emotionen anderer einzustellen und auf eine Weise zu reagieren, die sowohl authentisch für einen selbst als auch respektvoll für den anderen ist.

Die Auswirkungen Ihrer aufmerksamen Präsenz können weitreichend sein. Wenn eine Person voll engagiert ist, ermutigt sie oft andere, es ihr gleichzutun. So entsteht eine Kaskade positiver Interaktionen, die die Leistung und Stimmung eines Teams oder sogar einer ganzen Organisation heben kann. Es ist eine Demonstration von Führungsstärke, die keinen Titel erfordert, sondern nur die Bereitschaft, sich körperlich und emotional auf den Moment einzulassen.

Im Zeitalter der Telearbeit und der digitalen Interaktion geht das Konzept des "Dabeiseins" sogar über den physischen Raum hinaus. In virtuellen Meetings voll präsent zu sein, umgehend auf Nachrichten zu reagieren und seine volle Aufmerksamkeit zu zeigen, auch wenn man sich nicht an einem gemeinsamen Ort befindet, sind ebenfalls wichtige Aspekte moderner Führung. Diese Praktiken tragen dazu bei, den Zusammenhalt und die Effektivität verteilter Teams aufrechtzuerhalten und unterstreichen, dass das Konzept der Präsenz über geografische Grenzen hinausgeht.

Wenn Sie sich das nächste Mal in einer Situation befinden, in der Sie das Ergebnis beeinflussen können, sei es eine wichtige Besprechung oder ein zwangloses Gespräch, denken Sie daran, dass Sie eine Führungsrolle einnehmen, indem Sie einfach nur erscheinen - und zwar vollständig und umfassend. Sie schaffen damit die Voraussetzungen für eine positive Interaktion, eine produktive Zusammenarbeit und eine sinnvolle Veränderung. Und das ist oft der wirksamste Führungsakt von allen.

Ermutigung mag wie ein kleiner Akt erscheinen, aber ihre Wirkung kann transformierend sein. Ein paar gut gewählte Worte oder eine einfache Geste der Unterstützung können einen Funken entzünden, der zu außergewöhnlichen Ergebnissen führt. In Diskussionen über Führungsqualitäten wird die Rolle der Ermutigung oft übersehen. Dabei ist sie ein entscheidender Aspekt effektiver Führung, der bei den Menschen auf große Resonanz stößt und sie zu Höchstleistungen befähigt.

Denken Sie an das erste Mal, als jemand eine Fähigkeit oder Eigenschaft in Ihnen erkannte, die Sie bei sich selbst noch nicht gesehen hatten. Der Moment mag flüchtig gewesen sein - eine Bemerkung im Vorbeigehen oder ein kurzes zustimmendes Nicken -, aber der emotionale und psychologische Eindruck, den er hinterlassen hat, könnte unauslöschlich sein. Diese Art der Bestätigung stärkt nicht nur Ihr Selbstwertgefühl, sondern motiviert Sie auch dazu, zu beweisen, dass Sie die ermutigenden Worte verdient haben. Sie sind dann eher bereit, sich mehr anzustrengen, Risiken einzugehen und über Ihre Komfortzone hinauszugehen.

Dabei handelt es sich nicht um einen Einzelfall, sondern um einen Dominoeffekt, der weit über die ursprüngliche Handlung hinausgeht. Wenn Sie eine Person ermutigen und diese Person infolgedessen bessere Leistungen erbringt, wirkt sich dies positiv auf das gesamte Team oder die Gemeinschaft aus. Die ermutigte Person wird das neu gewonnene Selbstvertrauen und den Enthusiasmus wahrscheinlich weitergeben und so die Stimmung und das Leistungsniveau anderer heben. Das ist im besten Sinne ansteckend und schafft eine Kultur der Ermutigung, die zu kollektivem Erfolg führen kann.

Nehmen wir zum Beispiel ein Team, das an einem anspruchsvollen Projekt arbeitet, das auf ein Hindernis gestoßen ist. Die Moral ist niedrig, und die Mitarbeiter beginnen zu zweifeln, ob das Projekt gelingen wird. In einer solchen Situation könnte eine Führungskraft öffentliche Worte der Ermutigung aussprechen, indem sie auf die bisherigen Erfolge des Teams und die einzigartigen Stärken hinweist, die jedes Mitglied mitbringt. Diese Maßnahme kann die Atmosphäre sofort verändern. Die Teammitglieder beginnen, das Problem als Herausforderung zu sehen, die es zu bewältigen gilt, und nicht als Sackgasse. Sie werden bei der Suche nach Lösungen kreativer und kooperativer, weil sie glauben, dass sie fähig sind und geschätzt werden. Ein einziger Akt der Ermutigung hat die Kraft, das gesamte Projekt umzukrempeln.

Denken Sie an einen Freiwilligen, der im Stillen die Initiative ergreift, um einen Park in der Nachbarschaft zu säubern. Die öffentliche Anerkennung und Dankbarkeit eines Gemeindevorstehers steigert nicht nur die Bereitschaft des Freiwilligen, mit solchen Initiativen fortzufahren, sondern inspiriert auch andere in der Gemeinde, aktiv zu werden. Die Menschen beginnen zu glauben, dass der Beitrag des Einzelnen wichtig ist und dass auch sie etwas verändern können.

Es ist wichtig zu beachten, dass Ermutigungen nur dann wirksam sind, wenn sie echt und spezifisch sind. Allgemein gehaltene Aussagen wie "Gut gemacht" oder "Weiter so" haben nicht dieselbe Wirkung wie gezielte Komplimente, die auf die spezifischen Handlungen oder Qualitäten der Person eingehen. Zu wissen, wie und wann man Ermutigung ausspricht, ist eine Kunst, die auf einem tiefen Verständnis der Menschen beruht, die man führt und was ihnen wichtig ist.

Die Macht der Ermutigung in der Führung sollte nicht unterschätzt werden. Sie ist ein einfacher und doch tiefgreifender Weg, Menschen zu inspirieren, ihren inneren Antrieb zu entfachen und zu einer Kultur beizutragen, die das Beste in jedem hervorbringt. Es ist ein Beweis dafür, dass es bei der Führung nicht nur darum geht, zu leiten oder zu managen, sondern auch darum, andere zu ermutigen. Indem Sie die Rolle des Ermutigers annehmen, vervielfachen Sie Ihre Wirkung als Führungskraft, ganz gleich, ob Sie ein Team, eine Gemeinschaft oder auch nur sich selbst leiten. Der Aufbau von Vertrauen und Glaubwürdigkeit ist ein oft übersehener Aspekt der Führungsarbeit, insbesondere für diejenigen, die keine formale Machtposition innehaben. Dabei ist dies wohl einer der wichtigsten Aspekte, der Ihren Einfluss und Ihre Effektivität steigert, unabhängig von Ihrem Rang oder Titel. Vertrauen wird nicht geschenkt, sondern durch konsequentes Handeln im Laufe der Zeit verdient. Indem Sie Ehrlichkeit,

Integrität und Verlässlichkeit im Umgang miteinander zeigen, schaffen Sie ein starkes Fundament, auf dem Ihre Führungsqualitäten aufgebaut werden können.

Beständigkeit ist der Schlüssel zum Aufbau von Vertrauen. Wenn Sie bei Ihren Handlungen und Entscheidungen konsequent sind, wissen die Menschen, was sie von Ihnen erwarten können. Sie können sich darauf verlassen, dass Sie auf eine bestimmte Weise reagieren oder eine bestimmte Leistung erbringen, und das ist beruhigend. Ganz gleich, ob es sich um die konsequente Einhaltung von Fristen, die Beibehaltung eines bestimmten Qualitätsniveaus bei Ihrer Arbeit oder sogar um etwas so Einfaches wie pünktliches Erscheinen handelt - diese Handlungen tragen dazu bei, dass Sie sich den Ruf der Zuverlässigkeit erwerben. Im Gegensatz dazu kann inkonsequentes Verhalten das Vertrauen schnell untergraben und die Leute an Ihren Fähigkeiten und Motiven zweifeln lassen.

Ehrlichkeit ist ein weiteres entscheidendes Element. Dazu gehört mehr als nur die Wahrheit zu sagen; es ist eine Verpflichtung zur Transparenz. In Führungspositionen bedeutet dies, dass Sie offen über Ihre Denkprozesse, Entscheidungen und die Gründe dafür sprechen. Es bedeutet auch, zuzugeben, wenn man sich irrt oder nicht alle Antworten kennt. Dieses Maß an Verletzlichkeit kann schwer zu erreichen sein, aber es ist unglaublich effektiv, um Glaubwürdigkeit aufzubauen. Menschen sind viel eher bereit, einer Führungskraft, die Fehler zugibt, diese zu verzeihen, als einer, die versucht, sie zu vertuschen oder die Schuld abzuschieben.

Integrität bedeutet, das Richtige zu tun, auch wenn niemand zuschaut. Es geht darum, eine Reihe von ethischen Grundsätzen zu haben, an die Sie sich ungeachtet des äußeren Drucks halten. Integrität macht Sie zu einer prinzipientreuen Führungspersönlichkeit, der man vertrauen kann, dass sie faire und ethische Entscheidungen trifft.

Dies ist besonders wichtig in Krisenzeiten oder bei moralischer Unklarheit, wenn die Vorgehensweise nicht eindeutig ist. Die

Menschen folgen eher jemandem, dessen moralischem Kompass sie vertrauen.

Die Vorteile des Aufbaus von Vertrauen und Glaubwürdigkeit sind mannigfaltig. Erstens dienen sie als soziales Kapital, auf das Sie zurückgreifen können, um andere zu beeinflussen und zu inspirieren. Wenn Menschen Ihnen vertrauen, werden sie Ihnen eher zuhören, Ihre Initiativen unterstützen und Ihren Rat suchen. Dies gilt sowohl für Manager, die ein Team leiten, als auch für Mitglieder einer Gemeinschaft, die versuchen, Veränderungen zu bewirken. Zweitens führt Vertrauen zu Loyalität, was unglaublich wertvoll sein kann. Loyalität führt oft zu einem höheren Maß an Engagement, Zusammenarbeit und der Bereitschaft, sich besonders ins Zeug zu legen - Eigenschaften, die in jeder Gruppe oder Organisation wünschenswert sind.

Beim Aufbau von Vertrauen geht es nicht nur darum, die eigene Führungskompetenz zu steigern, sondern auch die kollektiven Fähigkeiten des Teams oder der Gemeinschaft, der man angehört, zu verbessern. Vertrauen ermöglicht eine reibungslosere Kommunikation, da die Menschen eher bereit sind, offen und ehrlich zu sprechen und Ideen und Kritik zu äußern, ohne Angst vor Vergeltung zu haben. Dieser offene Dialog kann zu einer besseren Entscheidungsfindung, Problemlösung und letztlich zu erfolgreicheren Ergebnissen führen. Auf diese Weise können Ihre Bemühungen um den Aufbau von Vertrauen und Glaubwürdigkeit einen Kaskadeneffekt haben, der nicht nur Ihre eigenen Führungsfähigkeiten, sondern auch die der Gruppe stärkt.

Auch wenn Sie keinen offiziellen Titel oder eine ausgewiesene Autorität haben, denken Sie daran, dass Ihre Fähigkeit, Vertrauen und Glaubwürdigkeit aufzubauen, eine starke Form der unsichtbaren Führung sein kann. Es ist eine Form des Einflusses, die nicht auf hierarchischer Macht beruht, sondern auf dem Respekt und dem Vertrauen der Menschen um Sie herum. Es ist der Beweis dafür, dass Führung nicht von einem Titel kommt, sondern von Ihren Handlungen.

Emotionale Intelligenz wird oft als zentrale Fähigkeit für eine effektive Führung angepriesen, und das zu Recht. Im Gegensatz zum IQ, der im Laufe des Lebens weitgehend statisch bleibt, ist die emotionale Intelligenz eine dynamische Fähigkeit, die entwickelt und verfeinert werden kann. Wer über eine hohe emotionale Intelligenz verfügt, ist sich seiner eigenen Emotionen und der anderer sehr bewusst, was eine bessere Kommunikation, Zusammenarbeit und Problemlösung ermöglicht. Im Wesentlichen kann sie als Grundlage für Ihre Führungsqualitäten dienen, auch wenn Sie keine formelle Führungsposition innehaben.

Sich seiner eigenen Gefühle bewusst zu werden, ist der erste entscheidende Schritt. Durch Selbsterkenntnis können Sie erkennen, wie Ihre Gefühle Ihr Verhalten und Ihre Entscheidungen beeinflussen. Sie sind in der Lage, einen Schritt zurückzutreten und Ihren emotionalen Zustand objektiv zu bewerten, ohne dass er Ihr Urteilsvermögen beeinträchtigt. Wenn Sie beispielsweise über den langsamen Fortschritt eines Projekts frustriert sind, bedeutet emotionale Intelligenz, diese Frustration zu erkennen und zu verhindern, dass sie Sie zu überstürzten Entscheidungen oder zum Ausrasten gegenüber Teammitgliedern verleitet. Stattdessen können Sie diese Emotionen als Katalysator nutzen, um konstruktive Lösungen zu finden oder einen Dialog einzuleiten, um das Projekt wieder auf Kurs zu bringen.

Wenn Sie Ihre Emotionen verstehen, können Sie sich auch besser selbst regulieren. Führungskräfte sind oft mit stressigen Situationen konfrontiert, die schnelle, aber sorgfältige Entscheidungen erfordern. Wenn Sie in der Lage sind, Ihre Emotionen effektiv zu regulieren, werden Sie in Stresssituationen eher reagieren als reagieren, was zu Ergebnissen führt, die für alle Beteiligten vorteilhafter sind. Bei der Selbstregulierung geht es nicht darum, Ihre Emotionen zu unterdrücken, sondern darum, sie so zu steuern, dass sie mit Ihren Zielen und Werten übereinstimmen.

Einfühlungsvermögen ist ein Eckpfeiler der emotionalen Intelligenz und ermöglicht es, sich in die Gefühle anderer hineinzuversetzen. Empathie ermöglicht es Ihnen, die Gefühle anderer zu verstehen und zu teilen, was wiederum ein mitfühlenderes und unterstützendes Umfeld fördert. Wenn Teammitglieder sich gehört und verstanden fühlen, sind sie eher bereit, offen und ehrlich ihren Beitrag zu leisten, wodurch eine konstruktive Dynamik entsteht. Sie können auch besser mit Konflikten umgehen und zwischen unterschiedlichen Standpunkten vermitteln, da Sie die zugrundeliegenden Emotionen und Motivationen verstehen können, die den Meinungen und Handlungen der Menschen zugrunde liegen.

Aktives Zuhören ist eine weitere Strategie, um Ihre emotionale Intelligenz zu steigern. Indem Sie sich voll und ganz auf Ihren Gesprächspartner konzentrieren, ihn verstehen und auf ihn eingehen, können Sie die Nuancen der emotionalen Signale besser erfassen. Sie werden in der Lage sein, zwischen den Zeilen zu lesen und zu erkennen, was nicht gesagt wurde, aber ebenso wichtig ist. Ob es darum geht, Unzufriedenheit zu erkennen oder Enthusiasmus aufzuspüren, aktives Zuhören bietet wertvolle Einblicke in die emotionalen Unterströmungen Ihres Teams oder Ihrer Gemeinschaft und ermöglicht es Ihnen, effektiver zu reagieren.

Emotionale Intelligenz erstreckt sich auch auf soziale Fähigkeiten und Beziehungsmanagement. Der Aufbau und die Pflege guter Beziehungen sind von unschätzbarem Wert in allen Bereichen, in denen Zusammenarbeit und Teamwork wichtig sind. Eine Führungskraft mit hoher emotionaler Intelligenz kann leicht Beziehungen aufbauen, Netzwerke knüpfen und Streitigkeiten auf eine Art und Weise lösen, die langfristige, vertrauensvolle Beziehungen begünstigt.

Um Ihre emotionale Intelligenz zu verbessern, sollten Sie Achtsamkeitstechniken anwenden, um Ihre Selbstwahrnehmung zu verbessern, und sich aktiv bemühen, sich in andere einzufühlen. Holen Sie sich Feedback aus Ihrem Umfeld, um eine externe Perspektive auf Ihre emotionalen Fähigkeiten zu erhalten, und zögern Sie nicht, Ressourcen zu konsultieren oder sogar

Trainingsprogramme in Betracht zu ziehen, die sich auf den Aufbau emotionaler Intelligenz konzentrieren.

Der Einsatz von emotionaler Intelligenz in der Führung ist weitreichend. Sie macht Sie nicht nur zu einer bewussteren und effektiveren Führungskraft, sondern fördert auch ein gesünderes, produktiveres Umfeld. Indem Sie sowohl Ihre eigenen Emotionen als auch die anderer Menschen verstehen und steuern, können Sie Herausforderungen effektiver angehen, stärkere Beziehungen aufbauen und eine Kultur der Zusammenarbeit schaffen, von der alle Beteiligten profitieren. Dies ist eine Führungsqualifikation, die unabhängig von Ihrer Position von Bedeutung ist und Sie in jeder Organisation von anderen unterscheidet.

Bei der Erörterung des Konzepts der Führung ohne formellen Titel fallen mehrere Beispiele aus der Praxis auf, die die transformative Kraft der "unsichtbaren Führung" verdeutlichen. Lassen Sie uns ein paar davon näher betrachten.

Betrachten wir zunächst die Geschichte von Rosa Parks. Obwohl sie damals in keiner Organisation eine Führungsrolle innehatte, hatte ihre Entscheidung, sich zu weigern, einem weißen Fahrgast in einem Bus mit Rassentrennung ihren Sitzplatz zu überlassen, weitreichende Folgen. Parks' Mut und Entschlossenheit gaben den Anstoß für den Montgomery-Busboykott und beschleunigten die Bürgerrechtsbewegung. Im Grunde war es ein einzigartiger Akt des Trotzes, der einen landesweiten Dialog über Rasse und Ungleichheit auslöste. Parks hat gezeigt, dass sich Führungsstärke in Momenten moralischer Klarheit manifestieren kann, und dass die Auswirkungen den Lauf der Geschichte verändern können.

Ein weiteres überzeugendes Beispiel stammt aus der Geschäftswelt, und zwar von einer mittleren Angestellten eines Softwareunternehmens, die wir Sarah nennen wollen. Sarah bemerkte, dass die Produktivität des Teams aufgrund von ständigem arbeitsbedingtem Stress und knappen Fristen abnahm. Obwohl sie keine Führungskraft war, ergriff sie die Initiative und organisierte wöchentliche "Entspannungssitzungen", bei denen die Teammitglieder Stress abbauen und ihre Herausforderungen in einem informellen Rahmen besprechen konnten. Dieser einfache Akt, emotional für ihre Kollegen da zu sein, führte zu einem stärkeren Zusammenhalt im Team und erregte schließlich die Aufmerksamkeit der Vorgesetzten, was zu einem umfassenderen Programm für mentale Wellness im Unternehmen führte. Die Arbeitsmoral verbesserte sich, und auch die Produktivität stieg. Sarah hat bewiesen, dass Führung nicht immer mit einem Titel verbunden ist. Manchmal geht es darum, einen Bedarf zu erkennen und die Initiative zu ergreifen, um diesen zu decken und so das gesamte Arbeitsumfeld zu verbessern.

In der akademischen Welt sorgte ein Doktorand namens Alex mit seinem Ansatz bei Gruppenprojekten für Aufsehen. Anstatt darauf zu warten, dass der designierte Teamleiter Rollen zuweist oder die Richtung des Projekts vorgibt, schaltete sich Alex ein, um zwischen unterschiedlichen Meinungen zu vermitteln und konstruktives Feedback zu geben. Er ermutigte die ruhigeren Mitglieder, ihre Ideen zu äußern, und sorgte dafür, dass sich jeder gehört und wertgeschätzt fühlte. Sein Handeln führte nicht nur zum erfolgreichen Abschluss komplexer Projekte, sondern förderte auch das Gemeinschaftsgefühl in der Gruppe. Später bezeichneten mehrere Teammitglieder Alex' unterstützende Haltung und transparente Kommunikation als entscheidend für die Schaffung einer äußerst effektiven Arbeitsdynamik. Sein Beispiel zeigt, dass auch in hierarchischen Strukturen, wie z. B. in einem Klassenzimmer, Einzelpersonen durch die Schaffung eines integrativen Umfelds effektiv führen können.

Nehmen wir eine Mitarbeiterin des Gesundheitswesens namens Emma während des Ausbruchs der COVID-19-Pandemie. Obwohl Emma keine leitende Funktion innehatte, stellte sie fest, dass die Moral unter ihren Kollegen aufgrund der emotionalen Belastung durch die Behandlung von Patienten, die vom Virus betroffen waren, niedrig war. Sie nahm es auf sich, eine von Gleichaltrigen geleitete Selbsthilfegruppe ins Leben zu rufen, in der die Beschäftigten im Gesundheitswesen ihre Gefühle und Bewältigungsstrategien austauschen konnten. Emmas Initiative bot nicht nur ein emotionales Ventil für gestresste Kollegen, sondern machte sie auch zu einer natürlichen

Führungspersönlichkeit in ihrer Gemeinde. In der Folge begann das Krankenhaus mit der Formalisierung ähnlicher Unterstützungssysteme und erkannte die Bedeutung des emotionalen Wohlbefindens der Mitarbeiter im Gesundheitswesen.

Jede dieser Persönlichkeiten - aus unterschiedlichen Bereichen, mit unterschiedlichem Hintergrund und in verschiedenen Lebensphasen - zeigt, dass Führung nicht nur mit Titeln oder Hierarchien verbunden ist. Es geht darum, die Menschen um einen herum zu beeinflussen und zu inspirieren, für positive Veränderungen einzutreten und sich zu engagieren, wenn die Situation es erfordert. Ob sie ungerechte Normen in Frage stellen, die Teamdynamik verbessern oder emotionale Unterstützung bieten - diese Menschen haben gezeigt, dass jeder von dort aus, wo er sich gerade befindet, führen und etwas bewirken kann.

Im Bereich der Führung wird die Wirkung kleiner, alltäglicher Handlungen leicht unterschätzt. Doch wie wir anhand verschiedener Beispiele aus der Praxis gesehen haben, ist das Konzept der "unsichtbaren" oder "alltäglichen" Führung alles andere als unbedeutend. Es hat die Macht, Arbeitsumgebungen zu verändern, soziale Normen in Frage zu stellen und sogar den Lauf der Geschichte zu verändern. Diese Geschichten zeigen, dass Führung keine Rolle ist, die wenigen vorbehalten ist, die Titel oder hochrangige Positionen innehaben. Vielmehr ist es eine Tätigkeit, die jeder ausüben kann, unabhängig davon, wo er sich im Leben oder in seiner Karriere befindet.

Die tief greifenden Auswirkungen einer Führungsrolle sind unermesslich und gehen oft weit über das hinaus, was unmittelbar sichtbar ist. Man weiß nie, wann die eigenen Handlungen jemand anderen dazu inspirieren, eine Führungsrolle zu übernehmen, und so einen Dominoeffekt positiver Veränderungen auslösen. Vielleicht wusste Rosa Parks nicht, dass ihr Handeln eine Bewegung auslösen würde, oder Sarah konnte nicht vorhersehen, dass ihre Initiative zu einem unternehmensweiten Wellness-Programm werden würde, oder Alex konnte seinen Einfluss auf die künftige Teamarbeit unter seinen Kollegen nicht vorhersehen.

Dennoch hatten ihre Handlungen weitreichende Auswirkungen, weil sie sich entschieden, von dort aus voranzugehen, wo sie waren.

Denken Sie in Ihrem eigenen Leben daran, dass sich überall um Sie herum Möglichkeiten zur Übernahme von Führungsaufgaben bieten. Das kann an Ihrem Arbeitsplatz, in Ihrer Gemeinde oder sogar in Ihrem Zuhause sein. Sie können so einfach sein wie das Eintreten für das Richtige, so subtil wie das Ermutigen eines entmutigten Kollegen oder so komplex wie das Lösen von Konflikten zum Wohle der Allgemeinheit. Sie brauchen nicht auf einen Titel zu warten, um etwas zu bewirken; Sie können sofort damit anfangen.

Ich möchte Sie ermutigen, sich die starke Form der Führung zu eigen zu machen, die auf natürliche Weise entsteht, wenn Sie völlig präsent und authentisch sind und sich für positive Veränderungen einsetzen. Unterschätzen Sie nicht den Einfluss, den Sie haben, auch wenn Sie keinen offiziellen Titel tragen. Ihre Handlungen, egal wie klein sie erscheinen mögen, haben das Potenzial, eine Welle der Veränderung auszulösen. Das ist die außergewöhnliche Kraft, die darin liegt, von dort aus zu führen, wo man ist.

Alter ist nur eine Zahl

In der schnelllebigen Welt von heute werden Menschen häufig vorschnell in Kategorien eingeteilt, die oft auf leicht erkennbaren Merkmalen wie dem Alter basieren. In vielen Unternehmenskulturen und sozialen Strukturen hat sich der Gedanke eingebürgert, dass Führungsaufgaben etwas für junge Menschen sind - oder umgekehrt, dass sie den Erfahreneren vorbehalten sind. Es ist jedoch von entscheidender Bedeutung, diese einschränkende Vorstellung zu überwinden und zu erkennen, dass das Alter nur eine Zahl ist, wenn es um Führung geht.

Das Konzept, dass Führung kein Alter kennt, ist nicht nur eine motivierende Phrase, sondern eine Realität, die sich in den verschiedensten Bereichen immer wieder bestätigt - von Tech-Start-ups, die von jungen Visionären geleitet werden, bis hin zu Gemeinschaftsprojekten, die von Menschen im Rentenalter angeführt werden. Führungsqualitäten sind nicht an das Geburtsjahr gebunden, sondern an die Qualitäten und den Antrieb, die man mitbringt.

Jeder Lebensabschnitt bietet eine eigene Sichtweise auf die Führungsarbeit, die durch ein unterschiedliches Maß an Erfahrung, Energie, Weisheit und sogar zeitlicher Verfügbarkeit geprägt ist. Ein frischgebackener Hochschulabsolvent kann neue Einsichten und grenzenlosen Enthusiasmus mitbringen, was für Innovationen unerlässlich ist. Jemand, der schon viele Jahre in der Branche tätig ist, kann dagegen ein differenziertes Verständnis und strategisches Denken mitbringen, das nur mit Erfahrung zu erreichen ist. Beide sind von unschätzbarem Wert und ergänzen sich im besten Fall zu einer dynamischen, effektiven Führungsstrategie.

Seien Sie also aufgeschlossen, wenn wir uns in den folgenden Abschnitten dieses Kapitels vertiefen. Egal, ob Sie am Anfang Ihrer Karriere stehen, die Nachmittagssonne genießen oder sich im Abendlicht sonnen, hier ist etwas für Sie dabei. Wir werden erforschen, wie Sie Ihre einzigartigen Eigenschaften, unabhängig von Ihrem Alter, nutzen und in effektive Führung umsetzen können. Der Punkt ist, dass Sie unabhängig von Ihrem Alter das Potenzial haben, zu führen, zu inspirieren und einen spürbaren Einfluss auf Ihre Mitmenschen auszuüben.

Eine der beständigsten Eigenschaften großer Führungskräfte ist ihre Anpassungsfähigkeit. Dies gilt für sich entwickelnde Märkte, sich verändernde soziale Landschaften und ja, auch für die Lebensspanne der Führungskraft selbst. Mit zunehmendem Alter verschieben sich unsere Perspektiven, unsere Prioritäten ändern sich, und unsere Interaktionen mit anderen erhalten eine andere Note und Bedeutung. Die Anpassung Ihres Führungsstils an diese Veränderungen ist nicht nur vorteilhaft, sondern oft auch unerlässlich, um weiterhin erfolgreich zu sein.

Die Vorstellung, dass eine Größe für alle passt, ist besonders im Bereich der Führung irreführend. Was für einen Zwanzigjährigen in einem Start-up funktioniert, ist für einen Fünfzigjährigen in einer Non-Profit-Organisation vielleicht nicht so effektiv. Außerdem kann jedes Umfeld unterschiedliche Arten der Führung erfordern, von transformationaler und dienender Führung bis hin zu autokratischen oder Laissez-faire-Stilen. Mit zunehmendem Alter sammeln Sie ein ganzes Arsenal an Führungsstilen an, auf das Sie bei Bedarf zurückgreifen können. Diese Flexibilität kann einer Ihrer größten Vorteile sein.

Die Anpassung Ihres Stils ist auch von entscheidender Bedeutung, wenn Sie die Generationenvielfalt an den meisten modernen Arbeitsplätzen oder in den Gemeinden berücksichtigen. Ein Mehrgenerationenteam kann eine Fülle von Perspektiven und Fähigkeiten bieten, aber auch Herausforderungen in Bezug auf Kommunikation und Motivation mit sich bringen. Die Fähigkeit, zwischen verschiedenen Führungsstilen zu wechseln, kann helfen, diese Kluft zu überbrücken. So bevorzugen jüngere Teammitglieder vielleicht einen eher kooperativen, unbürokratischen Ansatz, während ältere Teammitglieder einen eher direktiven Stil schätzen und Ihre Erfahrung und Weisheit zu schätzen wissen.

Wie können Sie Ihren Ansatz ändern? Zunächst geht es darum, sich der Dynamik Ihres Teams, der spezifischen Anforderungen der Situation und sogar der eigenen Veränderungen bewusst zu sein. Regelmäßige Selbstreflexion und Feedback von anderen können hier von unschätzbarem Wert sein. Zweitens geht es um Bildung. Informieren Sie sich über verschiedene Führungsstile und -strategien, besuchen Sie Seminare und Kurse und hören Sie nie auf zu lernen. Dadurch erhalten Sie eine breitere Palette von Techniken und Ansätzen, aus denen Sie wählen können. Und schließlich geht es um die Praxis. Wie jede andere Fähigkeit wird auch die Führungsqualifikation durch ständiges Bemühen und Anpassung besser.

Das Schöne an der Führungsarbeit ist, dass sie eine sich ständig weiterentwickelnde Reise ist. Wenn Sie die verschiedenen Lebensphasen durchlaufen, sollten Sie Ihr zunehmendes Alter nicht als Einschränkung betrachten, sondern als wachsende Sammlung von Fähigkeiten und Erfahrungen, aus der Sie schöpfen können. Jedes Jahr bietet Ihnen die Möglichkeit, sich weiterzuentwickeln, sich anzupassen und eine effektivere Führungskraft zu werden, die in der Lage ist, andere über Generationen hinweg zu inspirieren.

Führung ist in jedem Alter ein Tanz zwischen der Weitergabe von Weisheit und der Aufnahme von neuem Wissen. Es ist ein Geben und Nehmen, das nicht nur Sie selbst, sondern auch diejenigen, die Sie führen, bereichert. Mit dem Alter kommt oft auch die Erfahrung, und mit der Erfahrung kommt auch das Wissen, das andere anleiten und unterstützen kann. Doch auch wenn wir Jahre und Fachwissen ansammeln, ist es wichtig, ein offenes Ohr und einen offenen Geist zu bewahren.

Wenn es um Mentoring geht, kann der Einfluss der Weitergabe hart erarbeiteter Erkenntnisse gar nicht hoch genug eingeschätzt werden. Ganz gleich, ob Sie einem jüngeren Kollegen Ratschläge für seine berufliche Laufbahn erteilen, technische Unterstützung bei einem Projekt anbieten oder einfach Ihre Lebenserfahrungen weitergeben - Ihre Erfahrungen sind unschätzbare Ressourcen. Sie können anderen helfen, Herausforderungen zu meistern, Fallstricke zu vermeiden und fundiertere Entscheidungen zu treffen. Der Akt des Mentorings kann unglaublich erfüllend sein, Ihr eigenes Verständnis festigen und Ihnen ein Gefühl der Zielsetzung geben.

Es gibt noch eine andere Seite der Medaille - Zuhören und Lernen. Die Welt befindet sich in ständigem Wandel, mit technologischen Fortschritten, sozialen Veränderungen und neuen Ideologien, die in rasantem Tempo auftauchen. Die jüngere Generation wird unweigerlich stärker auf diese Veränderungen reagieren. Wenn Sie für neue Ideen und Perspektiven offen sind, bleiben Sie nicht nur auf dem Laufenden, sondern werden auch zu einer effektiveren und vielseitigeren Führungskraft. Zuhören ist nicht nur ein Akt der Demut, sondern auch ein strategischer Vorteil. Die neuen Perspektiven, die Sie gewinnen, können Ihren Führungsansatz mit neuer Energie und Relevanz füllen und Ihre Führung noch wirkungsvoller machen.

Wie kann man dieses Gleichgewicht zwischen Lehren und Zuhören herstellen? Der Schlüssel liegt im aktiven Engagement. Wenn Sie eine Führungsrolle innehaben, warten Sie nicht einfach auf Gelegenheiten, Ratschläge zu erteilen oder Meinungen einzuholen, sondern schaffen Sie sie. Fördern Sie ein Umfeld, in dem ein offener Dialog gefördert wird und unterschiedliche Standpunkte geschätzt werden. Machen Sie deutlich, dass Sie nicht nur Ihre Erfahrungen weitergeben, sondern auch etwas lernen wollen. Dies wird nicht nur Ihr Verständnis bereichern, sondern auch eine Kultur des gegenseitigen Respekts und des gemeinsamen Wachstums schaffen.

Es ist wichtig, emotionale Intelligenz zu entwickeln, diese unschätzbare Fähigkeit, die Ihnen hilft, den Raum zu lesen, unterschiedliche Standpunkte zu verstehen und Ihren Kommunikationsstil entsprechend anzupassen. Emotionale Intelligenz wächst mit bewusster Anstrengung und oft auch mit dem Alter. Sie versetzt Sie in die Lage, effektiv zu beraten und

Ihre Botschaft so zu vermitteln, dass sie bei anderen ankommt, und sie ermöglicht es Ihnen, aktiv zuzuhören und Nuancen zu erkennen, die Ihnen ein besseres Verständnis der sich entwickelnden Landschaft vermitteln.

Bei effektiver Führung geht es nicht darum, sich zwischen Lehren und Zuhören zu entscheiden; es geht darum, zu wissen, wann man beide Hüte tragen sollte, und zu verstehen, dass beide Rollen in einem selbst existieren können - und sollten, egal wie alt man ist. Diese Symbiose macht Sie nicht nur zu einer vielseitigeren Führungspersönlichkeit, sondern bereichert auch Ihre Reise und bietet einen kontinuierlichen Weg des Wachstums und des Einflusses, der keine Altersgrenze kennt.

In der heutigen Arbeitswelt ist es nicht ungewöhnlich, dass eine Mischung aus Babyboomern, der Generation X, Millennials und der Generation Z unter demselben Dach arbeitet. Diese Mischung von Generationen kann ein außerordentlicher Vorteil sein, bringt aber auch eine Reihe von Herausforderungen mit sich. Bei klugem Management kann eine generationenübergreifende Belegschaft ein Katalysator für Innovation, Produktivität und allgemeinen Unternehmenserfolg sein.

Eine vielfältige Altersgruppe in einem Team bringt ein reiches Spektrum an Erfahrungen, Ansichten und Fähigkeiten mit. Ältere Mitarbeiter bringen oft institutionelles Wissen, Stabilität und Fachkenntnisse ein, die sie über Jahre hinweg in dem Bereich erworben haben. Auf der anderen Seite bieten jüngere Teammitglieder in der Regel eine frische Perspektive, da sie mit den neuesten technologischen Fortschritten und aufkommenden Trends besser vertraut sind. Wenn diese unterschiedlichen Stärken gemeinsam genutzt werden, kann dies zu einer widerstandsfähigeren, anpassungsfähigeren und innovativeren Organisation führen.

Doch gerade die Vielfalt, die Mehrgenerationenteams so stark macht, kann sie auch schwierig zu managen machen. Unterschiedliche Kommunikationsstile, verschiedene Werte und unterschiedliche Karriereziele können manchmal zu

Missverständnissen oder sogar Konflikten führen. Während ältere Mitarbeiter beispielsweise Wert auf einen stabilen Arbeitsplatz legen, sind für jüngere Arbeitnehmer die Vereinbarkeit von Berufs- und Privatleben oder berufliche Entwicklungsmöglichkeiten wichtiger. Diese Unterschiede können manchmal zu Reibungen führen, wenn sie nicht sorgfältig gehandhabt werden.

Die Schaffung eines Umfelds, das die Eingliederung fördert und die Beiträge aller Altersgruppen wertschätzt, umfasst mehrere wichtige Ansätze:

Erstens: Schaffen Sie eine Kultur, die Erfahrung respektiert und wertschätzt und gleichzeitig Innovation begünstigt. Lassen Sie nicht zu, dass Alter oder Betriebszugehörigkeit zu einem automatischen Kriterium für Glaubwürdigkeit werden, sondern schaffen Sie Räume, in denen gute Ideen von jedem kommen können, unabhängig von seinem Alter.

Zweitens sollten Sie sich auf generationenübergreifende Mentorenprogramme konzentrieren. Diese Art von Initiative erleichtert nicht nur den Wissensaustausch, sondern trägt auch dazu bei, altersbedingte Barrieren innerhalb des Teams zu überwinden. Ältere Mitarbeiter können auf diese Weise neuere Branchentrends kennenlernen, während jüngere Mitarbeiter von den Lebens- und Berufserfahrungen ihrer älteren Kollegen profitieren können.

Drittens sollten Sie in regelmäßige Schulungen und berufliche Weiterbildung investieren, die so flexibel sind, dass sie allen Altersgruppen zugute kommen. Lebenslanges Lernen sollte ein Schwerpunkt sein, egal ob es sich um technische Fähigkeiten oder Soft Skills wie Führung und Kommunikation handelt. Auf diese Weise werden die Voraussetzungen geschaffen, damit sich alle Mitarbeiter engagiert und wertgeschätzt fühlen.

Und schließlich sollten Sie eine offene Kommunikation fördern. Es ist wichtig, Vorurteile zwischen den Generationen offen und konstruktiv anzusprechen. Die Schaffung einer Plattform, auf der

Mitarbeiter ihre Bedenken und Vorschläge äußern können, ohne Angst vor Verurteilungen zu haben, kann ein wichtiger Schritt zu einem integrativeren Umfeld sein.

Der Schlüssel zur Nutzung einer generationenübergreifenden Belegschaft liegt darin, zu erkennen und zu respektieren, was jede Altersgruppe mitbringt, und dann eine integrative Kultur zu schaffen, die aus diesen Unterschieden lernt, statt sich von ihnen behindern zu lassen. Dazu gehört, dass man flexibel genug ist, um Führungsstile, Kommunikationsansätze und Engagementstrategien an die Bedürfnisse eines vielfältigen Teams anzupassen. Das Ergebnis ist eine bereicherte, vielseitigere Belegschaft, die in der Lage ist, Herausforderungen aus verschiedenen Blickwinkeln anzugehen und das Unternehmen als Ganzes zu stärken.

Die Vorstellung, dass Führung mit einer Altersbeschränkung einhergeht, wird zunehmend widerlegt, wie eine Vielzahl von Führungspersönlichkeiten zeigt, die sich über Altersnormen hinwegsetzen und in verschiedenen Sektoren wirkungsvolle Beiträge leisten. Im Folgenden werden einige überzeugende Fallstudien vorgestellt, die zeigen, dass das Alter tatsächlich nur eine Zahl sein kann, wenn es um effektive Führung geht.

Warren Buffett: Der dauerhafte Tycoon

Mit seinen 90 Jahren ist Warren Buffett nach wie vor eine der einflussreichsten Persönlichkeiten in der Finanzwelt. Sein Führungsstil, der sich durch langfristige Investitionen und einen unerschütterlichen Glauben an Werte auszeichnet, hat sich nicht nur als erfolgreich erwiesen, sondern auch Generationen von Anlegern beeinflusst. Was ihn auszeichnet, ist sein Eifer, sich anzupassen und zu lernen. Selbst in seinem Alter ist er für seine unersättlichen Lesegewohnheiten und seine Bereitschaft, neue Markttrends zu erkunden, bekannt. Sein Alter hat ihm jahrzehntelange Erfahrung gebracht, die jüngere Führungskräfte einfach nicht erreichen können, aber es ist sein Engagement für kontinuierliches Lernen, das ihn zu einer dauerhaften Führungspersönlichkeit macht.

Malala Yousafzai: Jugendlicher Elan, globale Wirkung

Am anderen Ende des Altersspektrums steht Malala Yousafzai, die im Alter von 17 Jahren die jüngste Nobelpreisträgerin aller Zeiten wurde, weil sie sich für die Bildung von Mädchen in Pakistan einsetzte. Sie nutzte ihre Jugend, um für Millionen junger Mädchen auf der ganzen Welt ein Vorbild zu sein, und machte ihr Alter zu einem Vorteil und nicht zu einer Einschränkung. Malalas Geschichte beweist, dass Alter kein Hindernis sein muss, um Veränderungen zu initiieren; jugendliche Energie kann eine starke Triebkraft für soziale Reformen sein.

Tim Cook: Der Innovator mittleren Alters

Die Nachfolge eines legendären Innovators wie Steve Jobs anzutreten, ist keine leichte Aufgabe, aber Tim Cook hat sich dieser Herausforderung gestellt. Mit seinen 60 Jahren ist Cook weder ein junger Start-up-Gründer noch ein Spätberufener. Unter seiner Führung hat Apple nicht nur seinen Weg der Innovation fortgesetzt, sondern auch bedeutende Fortschritte in den Bereichen soziale Verantwortung und Nachhaltigkeit gemacht. Cook ist ein Beweis für das Potenzial zur Neuerfindung und zum kontinuierlichen Wachstum, das sich in jedem Alter entfalten kann. Sein Führungsstil verbindet die Weisheit der Erfahrung mit der Anpassungsfähigkeit und Aufgeschlossenheit, die man oft mit jüngeren Führungskräften verbindet.

Diese Führungspersönlichkeiten, die alle aus unterschiedlichen Altersgruppen stammen, weisen einen einzigartigen, aber effektiven Führungsstil auf. Buffett nutzt seine umfassende Erfahrung und verbindet sie mit einem unstillbaren Appetit auf Lernen. Yousafzai nutzt ihre jugendliche Energie, um junge Menschen auf der ganzen Welt zu inspirieren und mit ihnen in Kontakt zu treten, während Cook das Beste aus beiden Welten vereint - Erfahrung und Anpassungsfähigkeit. Beide zeigen, wie das Alter zu einem Vorteil werden kann: Erfahrung bringt Weisheit, Jugend bringt Energie, und der Mittelweg kann eine ausgewogene Mischung aus beidem sein.

Jede dieser Führungspersönlichkeiten hat ihr Alter in einen Vorteil verwandelt, indem sie sich die spezifischen Vorteile zunutze gemacht hat, die es bietet. Sie räumen mit dem Mythos auf, dass das Alter die Fähigkeit definiert, und zeigen, dass Effektivität nicht alters-, sondern talent- und visionenabhängig ist. Sie sind der lebende Beweis dafür, dass effektive Führung alterslos sein kann und dass die Fähigkeit, zu inspirieren, zu leiten und wirkungsvolle Entscheidungen zu treffen, in jeder Lebensphase ausgeübt werden kann.

Diese Fallstudien verdeutlichen, dass das Alter nicht als einschränkender Faktor bei Führungsaufgaben angesehen werden sollte. Ganz gleich, ob Sie eine junge, aufstrebende Führungskraft sind oder sich in einem fortgeschrittenen Stadium Ihrer Karriere befinden, Sie können die einzigartigen Vorteile Ihres Alters nutzen, um eine nachhaltige Wirkung zu erzielen.

Wenn Führungskräfte älter werden, sehen sie sich mit einer Reihe von Herausforderungen konfrontiert, die für ihre Lebensphase typisch sind, so wie sie in früheren Phasen bestimmte Vorteile haben. Diese Herausforderungen zu erkennen, ist der erste Schritt, um sie erfolgreich zu meistern. Eines der offensichtlichsten Hindernisse ist Altersdiskriminierung, eine Form der Diskriminierung, die sowohl junge als auch ältere Menschen betreffen kann. Während junge Führungskräfte damit zu kämpfen haben, ernst genommen zu werden, könnten ältere Führungskräfte als weltfremd oder veränderungsresistent wahrgenommen werden. Eine Möglichkeit, dem entgegenzuwirken, besteht darin, immer wieder die Fähigkeit und Bereitschaft zur Anpassung zu zeigen. Ältere Führungskräfte können sich darauf konzentrieren, mit dem technologischen Fortschritt Schritt zu halten, während jüngere Führungskräfte ihre Glaubwürdigkeit durch emotionale Intelligenz und gesundes Urteilsvermögen unter Beweis stellen können.

Eine weitere Herausforderung, mit der man im Alter oft konfrontiert wird, ist die nachlassende Beweglichkeit oder Offenheit für Veränderungen. Führungskräfte können in ihren Methoden starrer werden und sich stark auf das verlassen, was in der Vergangenheit für sie funktioniert hat. Eine Verpflichtung zu lebenslangem Lernen kann dieses Risiko mindern. Sei es durch die Lektüre der neuesten Branchenpublikationen oder durch die Teilnahme an Kursen und Seminaren - wer sich weiterbildet, kann seine Anpassungsfähigkeit erhalten.

Auch körperliche und geistige Erschöpfung sind erwähnenswert. Dies ist zwar ein Problem, von dem ältere Führungskräfte stärker betroffen sind als ihre jüngeren Kollegen, aber es ist wichtig zu wissen, dass Burnout und Stress jeden treffen können, unabhängig vom Alter. Regelmäßige Bewegung, ausreichende Ruhepausen und Achtsamkeitstechniken können helfen, das Energieniveau zu senken und die Entscheidungsfähigkeit zu verbessern.

Ein weiterer Aspekt ist der Umgang mit einer Belegschaft, die aus mehreren Generationen besteht. Unterschiedliche Altersgruppen bringen ihre eigenen Werte, Kommunikationsstile und Erwartungen mit, und eine ungleiche Verteilung der Generationen kann zu Konflikten führen. Die Lösung liegt in der Schaffung eines integrativen Umfelds, in dem alle Arten von Vielfalt, auch das Alter, geschätzt werden. Dies kann durch offene Diskussionsforen, generationenübergreifende Teambuilding-Aktivitäten und Mentorenprogramme erreicht werden, bei denen Personen aus verschiedenen Altersgruppen zusammenarbeiten.

Altersbedingte Herausforderungen in der Führung, sei es der Umgang mit Altersdiskriminierung, die Aufrechterhaltung der Agilität, das Management des Energieniveaus oder die Arbeit mit einem multigenerationellen Team, sind erheblich, aber nicht unüberwindbar. Proaktive Strategien können Führungskräften aller Altersgruppen helfen, anpassungsfähig, engagiert und effektiv zu bleiben.

Das Konzept der Führung geht über die Grenzen des Alters hinaus, und dieses Kapitel soll den Mythos entkräften, dass das Alter ein limitierender Faktor für die Fähigkeit zu effektiver Führung ist. Ganz gleich, ob Sie ein junger Fachmann sind, der sich einen Namen machen möchte, oder ein erfahrener Veteran mit jahrelanger Erfahrung, das Wesen der Führung bleibt konstant

- Ihre Fähigkeit, zu inspirieren, sich anzupassen und eine positive Wirkung zu erzielen. Ihr Alter ist bei weitem kein Hindernis, sondern ein Vorteil, der Ihnen einzigartige Fähigkeiten und Perspektiven für Ihre Rolle als Führungskraft bietet.

Von der Anpassung des Führungsstils an die aktuelle Lebensphase bis hin zum Gleichgewicht zwischen der Rolle des Lehrenden und des Lernenden, unabhängig vom Alter, bot das Kapitel Techniken zur Bewältigung der einzigartigen Herausforderungen und Vorteile, die mit jeder Lebensphase einhergehen. Die Bedeutung der Schaffung eines integrativen Umfelds in einer generationsübergreifenden Belegschaft wurde ebenfalls hervorgehoben und die Synergien aufgezeigt, die entstehen können, wenn verschiedene Altersgruppen zusammenarbeiten. Darüber hinaus beleuchtet das Kapitel potenzielle Fallstricke, denen Führungskräfte im Alter begegnen können, und wie sie diese durch proaktive Strategien umgehen können. Beispiele aus der Praxis lieferten wertvolle Erkenntnisse darüber, wie das Alter als Stärke und nicht als Schwäche genutzt werden kann.

Betrachten Sie abschließend Ihr Alter als ein weiteres Instrument in Ihrem Führungsinstrumentarium, eine Linse, durch die Sie Herausforderungen und Chancen auf eine Art und Weise sehen können, die andere, jüngere oder ältere, vielleicht nicht haben. Es ist ein Aspekt Ihrer Identität, der Ihre Fähigkeit zur Führung beeinflusst, aber nicht definiert. Egal, ob Sie 22 oder 62 Jahre alt sind, nehmen Sie Ihr Alter und die damit verbundenen einzigartigen Sichtweisen und Fähigkeiten an. Erkennen Sie an, dass Sie unabhängig von Ihrem Alter bereits jetzt einen sinnvollen Beitrag zu Ihrem Team, Ihrer Organisation oder Ihrer Gemeinschaft leisten können. Ihr Weg als Führungskraft wird nicht von den Jahren bestimmt, die Sie gelebt haben, sondern von den Erfahrungen, die Sie gesammelt haben, und der Weisheit, die Sie weitergeben. Führung ist in vielerlei Hinsicht immergrün - sie verwelkt nicht mit dem Alter, sondern kann blühen und zu jeder Jahreszeit neue Früchte tragen. Das Spannendste daran? Sie können entscheiden, wie Sie sie pflegen.

Sozioökonomischer Status und Führungsqualitäten

Der Glaube, dass der sozioökonomische Status ein entscheidender Faktor für die Fähigkeit zur Führung ist, ist nicht nur überholt, sondern grundlegend falsch. In vielen Kreisen wird oft angenommen, dass diejenigen, die über beträchtliche finanzielle Mittel verfügen, von Natur aus bessere Führungskräfte sind. Der Gedanke scheint zu sein, dass Wohlstand Zugang zu besserer Bildung, Netzwerken und sogar Programmen zur Persönlichkeitsentwicklung bietet und dadurch effektivere Führungskräfte hervorbringt. Auf der anderen Seite gibt es das weit verbreitete Klischee, dass diejenigen, die aus weniger privilegierten Verhältnissen kommen, nicht das Zeug zur Führungskraft haben, weil ihnen vermutlich die Mittel und Möglichkeiten fehlen, die notwendigen Fähigkeiten zu entwickeln.

Es stimmt zwar, dass finanzielle Mittel einen besseren Zugang zu bestimmten Ressourcen bieten können, aber es ist ein Fehler, dies mit effektiver Führung zu verwechseln. Führung ist viel differenzierter und wird oft durch Eigenschaften wie Belastbarkeit, Visionen, Einfühlungsvermögen und die Fähigkeit, zu inspirieren, geprägt - Eigenschaften, die nicht entlang sozioökonomischer Linien verteilt sind. Tatsächlich ist die Geschichte voll von Beispielen von Menschen aus einfachen Verhältnissen, die nicht trotz, sondern gerade wegen ihrer Herkunft zu großen Leistungen aufstiegen. Die Erfahrungen, die sie in schwierigen Situationen gemacht haben, haben sie mit einer Stärke und einem Einfallsreichtum ausgestattet, die man nicht kaufen kann. Diese Menschen wurden nicht nur zu Führungspersönlichkeiten, sondern zu außergewöhnlichen Führungspersönlichkeiten, die einen unauslöschlichen Eindruck in der Geschichte hinterlassen haben.

Es gibt auch zahlreiche Beispiele von Personen aus wohlhabenden Verhältnissen, die, obwohl sie alle Ressourcen zur Verfügung hatten, keine starken Führungsqualitäten zeigten, als es am wichtigsten war. Manchmal können der Komfort und die Leichtigkeit, die mit finanzieller Stabilität einhergehen, sogar ein Hindernis für die Entwicklung der Art von Widerstandsfähigkeit und Anpassungsfähigkeit sein, die eine effektive Führung oft erfordert.

Es ist wichtig, mit dem Mythos aufzuräumen, dass der sozioökonomische Status ein Kriterium für Führungsqualitäten ist. Bei der Vertiefung dieses Themas werden wir untersuchen, wie Qualitäten wie Einfallsreichtum, der Aufbau von Beziehungen und die Ausrichtung auf langfristige Ziele oft mehr über das Führungspotenzial aussagen als die finanzielle Situation einer Person. Indem wir den Wert unterschiedlicher Erfahrungen und Perspektiven anerkennen, können wir die Vielschichtigkeit effektiver Führung besser verstehen.

Wenn wir über Führungsqualitäten sprechen, ist es aufschlussreich, Beispiele großer Führungspersönlichkeiten zu betrachten, die aus einem breiten Spektrum sozioökonomischer Schichten stammen. Diese Geschichten inspirieren nicht nur, sondern räumen auch mit dem Irrglauben auf, dass wirksame Führungsqualitäten nur einer bestimmten Wirtschaftsschicht vorbehalten sind.

Martin Luther King Jr. zum Beispiel wurde in eine Familie der Mittelschicht hineingeboren und wurde zu einer monumentalen Figur der amerikanischen Bürgerrechtsbewegung. Seine Führungsqualitäten wurden nicht durch Wohlstand geprägt, sondern durch einen starken moralischen Kompass, ein tiefes Verständnis der Menschenwürde und ein unnachgiebiges Engagement für Gerechtigkeit. Kings Redegewandtheit und Überzeugung mobilisierten eine ganze Nation, und sein Vermächtnis dient nach wie vor als Prüfstein für Führungskräfte in verschiedenen Bereichen.

Im Gegensatz dazu wurde Oprah Winfrey in Armut geboren und hatte in ihren frühen Jahren mit zahlreichen Herausforderungen zu kämpfen, darunter Missbrauch und eine Schwangerschaft im Teenageralter. Ihr außergewöhnliches Einfühlungsvermögen und ihre Kommunikationsfähigkeiten in Verbindung mit einem unbeugsamen Willen verhalfen ihr jedoch zu einer Medienkarriere, die sie zu einer der einflussreichsten Frauen der Welt gemacht hat. Ihre Führungsqualitäten zeichnen sich durch ihre Fähigkeit aus, mit Menschen in Kontakt zu treten und sie zu inspirieren, ihr eigenes Leben zu verbessern.

Am anderen Ende des Spektrums steht jemand wie Warren Buffett, das Orakel von Omaha, der in eine wohlhabende Familie hineingeboren wurde und Zugang zu Bildung und Möglichkeiten hatte, die viele nicht haben. Was ihn jedoch als Führungspersönlichkeit in der Geschäftswelt auszeichnet, ist nicht seine Herkunft, sondern seine unvergleichliche Fähigkeit, Märkte zu verstehen, seine ethischen Geschäftspraktiken und seine Bereitschaft, die nächste Generation von Führungskräften zu unterstützen.

Auch Indra Nooyi, die in Indien geboren und aufgewachsen ist, stammte aus bescheidenen Verhältnissen, doch ihre intellektuelle Brillanz verschaffte ihr Stipendien an renommierten Institutionen. Nooyi durchbrach die gläserne Decke und wurde CEO von PepsiCo, einem der größten multinationalen Konzerne der Welt. Ihr Führungsstil, der sich durch langfristiges strategisches Denken und die Konzentration auf das Wohlergehen der Mitarbeiter auszeichnet, hat sie zu einem Vorbild für aufstrebende Führungskräfte weltweit gemacht.

Diese unterschiedlichen Erzählungen unterstreichen die Tatsache, dass es bei Führungsaufgaben nicht darauf ankommt, woher man kommt, sondern vielmehr darauf, was man aus den Chancen und Herausforderungen macht, die sich einem bieten. Die Fähigkeit zur Führung wird durch persönliche Eigenschaften wie Integrität, Visionen und die Fähigkeit, zu inspirieren, geprägt, und diese Qualitäten finden sich bei Menschen aus allen Lebensbereichen.

Einfallsreichtum und Kreativität entstehen oft aus Beschränkungen heraus. Wenn die finanziellen Mittel knapp sind, sind die Menschen gezwungen, über den Tellerrand zu schauen, innovativ zu sein und das Beste aus dem zu machen, was sie haben. In einigen Fällen hat diese Art von begrenzter Kreativität zu bahnbrechenden Lösungen und Führungsstilen geführt, die Branchen oder soziale Bewegungen revolutioniert haben. Begrenzte Ressourcen können wie ein Schmelztiegel wirken, der den Mut aufstrebender Führungspersönlichkeiten auf die Probe stellt und ihre letztendlichen Leistungen umso bemerkenswerter macht.

Darüber hinaus ist es erwähnenswert, dass ein Überfluss an Ressourcen jemanden nicht automatisch zu einer besseren Führungskraft macht. Tatsächlich kann ein Übermaß an Ressourcen manchmal zu Selbstgefälligkeit, mangelndem Fokus oder der Tendenz führen, Probleme mit Geld zuzuschütten, anstatt sie auf nachhaltige und innovative Weise zu lösen. So sind beispielsweise einige Start-ups mit massiven Finanzmitteln gescheitert, weil es ihnen an einer kohärenten Vision oder einer effizienten Umsetzung fehlte. Andererseits wurden einige der erfolgreichsten Unternehmen mit Hilfe von "Bootstrapping" gegründet, wobei ihre Beschränkungen als Katalysator für geniale Lösungen dienten.

Reichtum kann ein Polster bieten und Türen öffnen, aber er bietet nicht von Natur aus die Fähigkeiten, die erforderlich sind, um ein Team zu inspirieren, eine überzeugende Vision zu entwickeln oder Herausforderungen zu meistern. Führung erfordert Qualitäten wie Einfühlungsvermögen, Belastbarkeit und strategisches Denken, die man nicht kaufen, sondern kultivieren kann. Ein dickes Bankkonto kann einen Mangel an emotionaler Intelligenz oder ethische Defizite nicht ausgleichen. Effektive Führungskräfte können aus finanziell eingeschränkten Verhältnissen kommen und dennoch einen unglaublichen Scharfsinn an den Tag legen, wenn es darum geht, ihre begrenzten Ressourcen so einzusetzen, dass sie maximale Wirkung erzielen.

Die wichtigste Erkenntnis ist, dass Ressourcenbeschränkungen nicht als unüberwindbares Hindernis auf dem Weg zu einer Führungsposition betrachtet werden sollten, sondern vielmehr als Herausforderung, die dazu beitragen kann, die eigenen Fähigkeiten zu verfeinern. Ebenso ist finanzieller Reichtum kein definitiver Indikator für Führungspotenzial. Führung hat mehr mit Handeln, Visionen und der Fähigkeit zu tun, andere zu motivieren, als mit der Größe des eigenen Geldbeutels.

Der Aufbau authentischer Beziehungen ist für eine Führungskraft oft weitaus wertvoller als die Anhäufung materiellen Reichtums. Der wahre Schatz einer Führungskraft ist das Beziehungsnetz, das sie im Laufe der Zeit aufbaut, denn diese Beziehungen können zum Grundstein für dauerhaften Erfolg werden. Beziehungen schaffen Vertrauen, und Vertrauen ist die Währung, die Zusammenarbeit, Loyalität und gemeinsames Handeln begünstigt. Ohne das Fundament starker Beziehungen wird selbst die reichste Führungskraft feststellen, dass ihr Einfluss vergänglich und oberflächlich ist.

Führungskräfte, die sich auf den Aufbau von Beziehungen konzentrieren, haben in der Regel eine größere und wirkungsvollere Reichweite. Sie sind diejenigen, die Teams dazu inspirieren, zusätzliche Anstrengungen zu unternehmen, die in heiklen Situationen den Vorteil des Zweifels erhalten und die starke Verbündete finden, die sie unterstützen. Sie wissen, dass Führung kein Alleingang ist, sondern eine kollektive Aufgabe, die das aktive Engagement und die Hingabe anderer erfordert. Im Gegensatz dazu übersehen Führungspersönlichkeiten, die mit der Anhäufung von Reichtum beschäftigt sind, oft das menschliche Element und stehen daher in Krisenzeiten oft isoliert da.

In der Geschäftswelt beispielsweise kann man Kundentreue nicht kaufen, man muss sie sich verdienen. Unternehmen mit Führungskräften, die Beziehungen über den Gewinn stellen, haben mit größerer Wahrscheinlichkeit einen treuen Kundenstamm, der nicht nur zurückkommt, sondern auch andere weiterempfiehlt. Auch in der Welt der Politik oder des kommunalen Engagements sind die Führungspersönlichkeiten, die am meisten verehrt werden und am effektivsten sind, oft diejenigen, die tiefe, authentische Beziehungen zu den Menschen haben, denen sie dienen.

Diese Betonung des Aufbaus von Beziehungen gegenüber der Anhäufung von Reichtum steht auch im Zusammenhang mit der Idee des Sozialkapitals. Im Gegensatz zum Finanzkapital ist das Sozialkapital kein Nullsummenspiel. Je mehr man in Beziehungen investiert, desto mehr Sozialkapital sammelt man an, und dieses kann für verschiedene Arten von persönlichem und gemeinschaftlichem Erfolg genutzt werden. Es ist eine erneuerbare Ressource, die im Laufe der Zeit durch kontinuierliche Investitionen und Pflege wächst.

Finanzielle Ressourcen können zwar gewisse Vorteile bringen, aber sie können den dauerhaften Wert starker Beziehungen nicht ersetzen. Effektive Führungskräfte verstehen diesen Unterschied und konzentrieren ihre Energie auf den Aufbau von Beziehungsreichtum, der letztlich weitaus größere und nachhaltigere Dividenden abwirft als finanzielle Anhäufung.

Der Wert von Menschenkenntnis und Networking in der Führung kann gar nicht hoch genug eingeschätzt werden. Diese Soft Skills machen oft den Unterschied zwischen guten und großartigen Führungskräften aus. Wenn Führungskräfte die Kunst der zwischenmenschlichen Beziehungen beherrschen, können sie andere besser motivieren, inspirieren und führen. Es geht nicht nur darum, Kontakte zu knüpfen, sondern auch darum, sinnvolle Beziehungen aufzubauen, die für beide Seiten von Vorteil sind.

Menschenkenntnis, zu der Fähigkeiten wie aktives Zuhören, Einfühlungsvermögen und emotionale Intelligenz gehören, hilft Führungskräften, ihre Mitmenschen zu verstehen und mit ihnen in Kontakt zu treten. Diese Fähigkeiten ermöglichen es Führungskräften, den Raum zu lesen, die Nuancen in der Teamdynamik zu erkennen und auf die individuellen Bedürfnisse zugeschnittene Lösungen anzubieten. Emotionale Intelligenz ermöglicht es einer Führungskraft, sich ihrer eigenen Emotionen und der Emotionen der Menschen um sie herum bewusster zu werden, was zu einer besseren Entscheidungsfindung und Konfliktlösung führt.

Beim Networking hingegen geht es um den Aufbau eines Netzes beruflicher Beziehungen. Ein starkes Netzwerk kann Türen öffnen, die sonst verschlossen bleiben würden. Chancen ergeben sich oft aus den unerwartetsten Verbindungen, und ein breites Netzwerk erhöht die Wahrscheinlichkeit, zur richtigen Zeit am richtigen Ort zu sein. Beim Networking geht es nicht nur darum, sich selbst voranzubringen; eine gut vernetzte Führungskraft kann ihrem Team Möglichkeiten eröffnen, wertvolle Kontakte vermitteln und Partnerschaften eingehen, von denen ganze Organisationen profitieren können.

Menschenkenntnis und Vernetzung spielen bei der Problemlösung ebenfalls eine wichtige Rolle. Führungskräfte werden unweigerlich mit Herausforderungen konfrontiert, die Perspektiven und Fachwissen von außen erfordern. Ein solides Netzwerk kann als Denkfabrik dienen und eine Vielzahl von Lösungen und Einsichten bieten, die in einer geschlossenen Gruppe möglicherweise nicht verfügbar sind. Wenn eine Führungskraft in zwischenmenschlichen Beziehungen geübt ist, kann sie ihr Netzwerk effektiver nutzen, um diese Herausforderungen zu meistern.

Ein weiterer wichtiger Aspekt ist, dass Führungspersönlichkeiten mit guten zwischenmenschlichen Fähigkeiten und Netzwerken oft einen besseren Informationsfluss haben. Informationen sind für jede Führungskraft unerlässlich, um gut informierte Entscheidungen zu treffen. Die Vernetzung stellt sicher, dass eine Führungskraft mit verschiedenen Informationsknotenpunkten verbunden ist, während soziale Kompetenz gewährleistet, dass andere eher bereit sind, wertvolle Erkenntnisse offen zu teilen.

Die Synergie zwischen zwischenmenschlichen Fähigkeiten und Networking bildet die Grundlage für langfristigen Führungserfolg. Technische Fähigkeiten verschaffen einem zwar den Einstieg, aber erst die Fähigkeit, komplexe zwischenmenschliche Dynamiken zu steuern, erhöht den Status und die Effektivität einer Führungskraft. Unabhängig davon, ob Sie ein kleines Team oder ein ganzes Unternehmen leiten, wird es Ihnen zugute kommen, wenn Sie sich auf die Verbesserung Ihrer zwischenmenschlichen Fähigkeiten konzentrieren und Ihr berufliches Netzwerk kontinuierlich ausbauen.

Wenn es um Führung geht, kann der Aufbau starker Beziehungen Vorteile bieten, die selbst mit erheblichen finanziellen Mitteln nicht zu erreichen sind. Ein Beispiel dafür ist die Geschichte von Joe Gebbia und Brian Chesky, den Mitbegründern von Airbnb. Als sie das Unternehmen gründeten, verfügten sie nur über begrenzte finanzielle Mittel und hatten Mühe, die Miete zu bezahlen. Was sie jedoch hatten, war ein Netzwerk von Freunden und Bekannten in der Design-Community. Anstatt sich ausschließlich auf finanzielle Investitionen zu verlassen, nutzten sie ihre Beziehungen, um die Bedürfnisse ihrer Zielnutzer zu verstehen. Dieser basisdemokratische Ansatz half ihnen, ein Produkt zu schaffen, das bei den Menschen ankam, nicht nur bei den Investoren. Schließlich wurde Airbnb zu einem milliardenschweren Unternehmen, aber der frühe Erfolg hatte mehr mit den Fähigkeiten der Gründer zu tun, Beziehungen aufzubauen, als mit ihren finanziellen Ressourcen.

Ein weiteres Beispiel ist Howard Schultz, der Mann hinter dem unglaublichen Wachstum von Starbucks. Schultz stammte nicht aus wohlhabenden Verhältnissen, aber er hatte eine unheimliche Fähigkeit, mit Menschen in Kontakt zu treten. Er stellte die Beziehung zwischen den Baristas und den Kunden in den Vordergrund und wollte Starbucks zu einem "dritten Ort" zwischen Zuhause und Arbeitsplatz machen. Schultz verstand, dass er die Kundenbindung durch Beziehungen und nicht durch rein transaktionale Interaktionen aufbauen konnte, und diese Konzentration zahlte sich aus. Heute ist die Marke Starbucks praktisch ein Synonym für die Kaffeekultur, die sie schaffen wollte, und das alles nur, weil Schultz den Wert menschlicher Beziehungen höher einschätzte als das bloße Pumpen von Geld in Marketing und Verkauf.
Und dann ist da noch die Geschichte von Oprah Winfrey, die aus der Armut zum Medienmogul aufstieg. Obwohl sie heute

unglaublich reich ist, beruhte ihr anfänglicher Erfolg auf ihrer Fähigkeit, mit dem Publikum in Kontakt zu treten. Ihre einfühlsame Art gab den Menschen das Gefühl, gehört zu werden, und verschaffte ihr eine treue Zuschauerschaft, die ihr von ihren Anfängen im Fernsehen bis zu ihrem eigenen Sender folgte. Die Macht der Beziehungen war der Eckpfeiler ihrer facettenreichen Karriere.

Nehmen wir den Tech-Giganten Apple. Steve Jobs und Steve Wozniak waren nicht gerade reich, als sie das Unternehmen gründeten; sie verkauften ihre wertvollsten Besitztümer, um ihr Unternehmen zu finanzieren. Dennoch zogen ihre Vision und ihr Charisma die Menschen an. Vor allem Jobs verstand es, sein Team zu inspirieren, Spitzenkräfte anzuziehen und Investoren von seiner Vision zu überzeugen. Seine Fähigkeit, Netzwerke zu knüpfen und Beziehungen aufzubauen, verhalf dem Unternehmen zu wichtigen Verträgen und Partnerschaften, insbesondere zu einer frühen Investition und einem Auftrag einer lokalen Computerkette, die Apple auf den Weg zum Erfolg brachten.

Diese Fallstudien zeigen einen gemeinsamen Nenner: Der Aufbau von Beziehungen war der Dreh- und Angelpunkt für den Erfolg, nicht die finanzielle Stärke. Kapital ist zwar zweifellos wichtig, aber es sind die Beziehungen, die für Widerstandsfähigkeit sorgen, Türen zu Chancen öffnen und ein starkes Fundament für langfristiges Wachstum bilden. Diese Führungskräfte haben verstanden, dass der Schlüssel zu nachhaltiger Führung und geschäftlichem Erfolg nicht nur in der Bilanz liegt, sondern in den menschlichen Beziehungen, die einem Unternehmen Herz und Seele geben.

Die Konzentration auf langfristige Ziele ist oft das, was große Führungspersönlichkeiten von nur guten unterscheidet. Auch wenn unmittelbare Anliegen und kurzfristige Gewinne wichtig sind, sollten sie nie das große Ganze überschatten. Eine langfristige Vision gibt eine Richtung vor, an der sich Entscheidungen und Strategien auf allen Ebenen einer Organisation oder eines Unternehmens orientieren können. Sie wirkt wie ein Nordstern, der den Teams hilft, durch Herausforderungen und Chancen gleichermaßen zu navigieren.

Nehmen Sie zum Beispiel Jeff Bezos, den Gründer von Amazon. Als er den Online-Buchladen ins Leben rief, waren Skeptiker schnell dabei, die Rentabilität des Unternehmens zu verneinen. Bezos hatte jedoch ein viel größeres, langfristiges Ziel vor Augen: Er wollte einen "Laden für alles" schaffen, einen Ort, an dem die Menschen praktisch alles kaufen können, was sie wollen. Von dieser Vision ließ sich das Unternehmen in den ersten Jahren leiten, auch wenn sich die Gewinne in Grenzen hielten. Er war bereit, auf kurzfristige Gewinne zu verzichten, um langfristig etwas zu bewirken - eine Entscheidung, die Amazon heute zu einem der wertvollsten Unternehmen der Welt gemacht hat.

Oder denken Sie an Elon Musk und seine Arbeit mit Unternehmen wie Tesla und SpaceX. Musks langfristige Ziele sind kühn und reichen von nachhaltigen Energielösungen auf der Erde bis zur Kolonisierung des Mars. Obwohl diese Ziele so langfristig sind, dass sie fast fantastisch erscheinen, haben sie zahlreiche Entscheidungen in seinen Unternehmen beeinflusst. So zielt beispielsweise Teslas Open-Source-Politik für Patente im Bereich der Elektrofahrzeugtechnologie darauf ab, die weltweite Verbreitung von Elektroautos zu beschleunigen, ein wichtiger Meilenstein auf dem Weg zu einer nachhaltigen Energieversorgung - seinem ultimativen, langfristigen Ziel.

Ein weiteres Beispiel findet sich im Bereich der sozialen und gemeinnützigen Sektoren. Malala Yousafzai, eine junge pakistanische Aktivistin, die ein Attentat der Taliban überlebte, hat sich für die Bildung von Mädchen eingesetzt. Ihre langfristige Vision ist es, dass jedes Mädchen 12 Jahre lang eine kostenlose, qualitativ hochwertige Bildung erhält. Das ist ein gewaltiges Unterfangen, das nicht von heute auf morgen erreicht werden kann, aber dieses Ziel prägt ihr gesamtes Handeln, von der Rede vor den Vereinten Nationen bis zur Eröffnung von Schulen.

Die Ausrichtung auf langfristige Ziele ist auch im Team von entscheidender Bedeutung. Führungskräfte, die sich von einer langfristigen Vision leiten lassen, können ihre Teams oft besser inspirieren. Sie vermitteln ein Gefühl von Stabilität und Zielstrebigkeit, was in schwierigen Zeiten besonders motivierend sein kann. Teams sind eher bereit, sich zu engagieren und zusätzliche Anstrengungen zu unternehmen, wenn sie wissen, wie ihre Arbeit in einen größeren, sinnvollen Zusammenhang passt.

Die Ausrichtung auf langfristige Ziele bietet den strategischen Rahmen, der außergewöhnliche Führungskräfte oft auszeichnet. Ob in der Wirtschaft, im sozialen Bereich oder in der persönlichen Entwicklung - eine langfristige Perspektive stellt sicher, dass kurzfristige Rückschläge die Mission nicht entgleisen lassen. Sie stärkt die Widerstandsfähigkeit, ermutigt zur Risikobereitschaft und - was am wichtigsten ist - hilft Führungskräften, Entscheidungen zu treffen, die zu einer nachhaltigen Wirkung beitragen.

Eine zu starke Konzentration auf den unmittelbaren finanziellen Gewinn kann sich nachteilig auf die Führung und das langfristige Wohlergehen einer Organisation oder eines Unternehmens auswirken. Diese Kurzsichtigkeit kann sich auf verschiedene Weise manifestieren und die Grundwerte und Endziele untergraben, die das Handeln und die Entscheidungen einer Führungskraft leiten sollten.

Wenn eine Führungskraft beispielsweise auf die vierteljährlichen Gewinne fixiert ist, besteht die Versuchung, an allen Ecken und Enden zu sparen, damit die Zahlen kurzfristig besser aussehen. Dies könnte bedeuten, dass die Qualität von Produkten oder Dienstleistungen verringert wird, wertvolle Mitarbeiter entlassen werden oder sogar unethisches Verhalten an den Tag gelegt wird, um die Zahlen zu steigern. Diese Taktiken mögen zwar zu einem vorübergehenden Anstieg der Einnahmen oder der Aktienkurse führen, haben aber oft einen langfristigen Schaden zur Folge. Die Kunden können das Vertrauen in die Marke verlieren, die Moral der Mitarbeiter kann sinken, und der Ruf des Unternehmens könnte irreparabel geschädigt werden.

Ein weiteres Problem ist, dass eine starke Konzentration auf unmittelbare finanzielle Ergebnisse oft von Innovationen und

Investitionen in zukünftiges Wachstum abhält. Forschung und Entwicklung, Mitarbeiterschulungen oder die Expansion in neue Märkte erfordern beträchtliche Ressourcen und zahlen sich möglicherweise nicht sofort aus. Führungskräfte, die dem nächsten Gewinnbericht verpflichtet sind, werden diese langfristigen Investitionen seltener tätigen, so dass ihre Unternehmen für künftige Herausforderungen und Chancen schlecht gerüstet sind.

Eine übermäßige Konzentration auf kurzfristige finanzielle Gewinne kann auch die Prioritäten einer Führungskraft in den zwischenmenschlichen Beziehungen verzerren, sowohl innerhalb als auch außerhalb des Unternehmens. Wenn der unmittelbare Gewinn die einzige treibende Kraft ist, können Mitarbeiter als entbehrliche Ware und nicht als wertvolles Gut angesehen werden. Ebenso können Kundenbeziehungen gefährdet werden, wenn der Schwerpunkt ausschließlich auf dem sofortigen Upselling oder dem Ausquetschen kurzfristiger Einnahmen liegt, anstatt eine langfristige Beziehung aufzubauen, die auf qualitativem Service und Vertrauen beruht.

Denken Sie an den Fall Enron, ein Unternehmen, das zum Synonym für Unternehmensgier und kurzfristige Finanzmanipulationen wurde. Die Führungskräfte waren so sehr auf unmittelbare finanzielle Gewinne aus, dass sie zu Buchhaltungsbetrug griffen, um den Aktienkurs des Unternehmens in die Höhe zu treiben. Das Ergebnis war katastrophal: Das Unternehmen brach zusammen, Tausende verloren ihren Arbeitsplatz, und die Führungskräfte wurden strafrechtlich belangt. Dieses extreme Beispiel veranschaulicht, wie eine enge Fokussierung auf kurzfristige finanzielle Gewinne nicht nur die Führung beeinträchtigen, sondern auch zum Untergang eines ganzen Unternehmens führen kann.

Führungskräfte, die langfristigen Zielen Vorrang vor kurzfristigen Gewinnen einräumen, treffen mit größerer Wahrscheinlichkeit ethische und strategische Entscheidungen, die dem Unternehmen zugute kommen. Sie investieren in ihre Mitarbeiter, halten die

Qualität ihrer Produkte und Dienstleistungen aufrecht und bauen nachhaltige Beziehungen zu Kunden und Interessengruppen auf.

Auch wenn die unmittelbare finanzielle Leistung ein wichtiger Aspekt der Führung ist, sollte sie nicht auf Kosten einer langfristigen Vision und ethischer Überlegungen gehen. Das richtige Gleichgewicht zwischen kurzfristigen Bedürfnissen und langfristigen Zielen zu finden, ist eine der größten Herausforderungen für jede Führungskraft. Wie sie dieses Gleichgewicht findet, hat einen erheblichen Einfluss auf ihre Effektivität und die nachhaltige Wirkung ihrer Führung.

Das wahre Wesen der Führung geht weit über die finanzielle Situation oder den sozioökonomischen Status einer Person hinaus. Bei der Führung geht es um Charakter, Visionen und die Fähigkeit, andere zu beeinflussen und auf ein gemeinsames Ziel hinzuführen. Es geht darum, Beziehungen aufzubauen, die auf Vertrauen und Respekt beruhen, ethische Entscheidungen zu treffen und Belastbarkeit und Einfallsreichtum zu zeigen, insbesondere wenn man mit Herausforderungen konfrontiert ist. Viele große Führungspersönlichkeiten in der Geschichte und in unserer heutigen Welt kamen aus unterschiedlichen sozioökonomischen Verhältnissen, was beweist, dass Führungsqualitäten keine Eigenschaft sind, die den Wohlhabenden oder Privilegierten vorbehalten ist.

Reichtum kann den Zugang zu besseren Bildungs- und Berufschancen ermöglichen, aber er stattet jemanden nicht unbedingt mit der emotionalen Intelligenz, den menschlichen Fähigkeiten oder der ethischen Grundlage aus, die für eine effektive Führung erforderlich sind. Tatsächlich kann ein Überfluss an Ressourcen manchmal ein Polster schaffen, das einen von den wertvollen Lebenslektionen abschirmt, die sich aus der Bewältigung von Herausforderungen ergeben.

Andererseits können begrenzte Mittel Einfallsreichtum, Hartnäckigkeit und ein tiefes Verständnis für den Wert von Beziehungen und Gemeinschaft fördern - Eigenschaften, die in der Führung unglaublich nützlich sind. Wenn man nicht mit Geld um sich werfen kann, um ein Problem zu lösen, ist man oft gezwungen, kreativ zu denken und eng mit anderen zusammenzuarbeiten. Aus dieser Art von Erfahrung kann man viel darüber lernen, wie man effektiv führen kann.

In der Geschäftswelt haben wir erlebt, wie Unternehmen unter Führungskräften, die Menschen und Ethik über kurzfristige Gewinne stellen, florieren. Umgekehrt haben wir gesehen, wie finanzstarke Organisationen zusammengebrochen sind, weil es ihren Führungskräften an Visionen, Ethik oder der Fähigkeit fehlte, ihre Teams zu inspirieren.

Einige der einflussreichsten Führungspersönlichkeiten im kommunalen und aktivistischen Bereich stammen aus bescheidenen Verhältnissen und haben ihren Einfluss genutzt, um andere aufzurichten, anstatt sich auf materielle oder finanzielle Vorteile zu konzentrieren.

Führung ist nicht eine Funktion der Ressourcen, zu denen man Zugang hat, sondern hängt vielmehr damit zusammen, wie man die verfügbaren Ressourcen mobilisiert, um positive Ergebnisse zu erzielen. Es geht um Vision, Aktion und Einfluss. Führungspersönlichkeiten inspirieren, leiten und bringen das Beste in anderen hervor, unabhängig davon, wie viel Geld sie auf der Bank haben.

Wenn Sie eine Führungsposition anstreben, sollten Sie wissen, dass Ihre finanzielle Situation kein ausschlaggebender Faktor ist. Es sind Ihr Charakter, Ihre Handlungen und Ihre Fähigkeit, andere zu inspirieren, die Ihre Führungsqualitäten ausmachen.

Zusammenfassend lässt sich sagen, dass der Weg zu einer Führungsposition nicht am Gewicht des Geldbeutels oder der Postleitzahl, aus der man kommt, gemessen werden sollte. Konzentrieren Sie sich stattdessen auf die Kultivierung der universell wertvollen Qualitäten, die große Führungskräfte auszeichnen. Einfallsreichtum, die Fähigkeit, sich anzupassen und Lösungen zu finden, wo andere nur Sackgassen sehen, ist von unschätzbarem Wert. Es ist eine Fähigkeit, die durch Erfahrungen, die uns herausfordern, geschärft wird, und sie unterscheidet sich nicht nach dem sozioökonomischen Status.

Ebenso wichtig ist die Pflege von bedeutungsvollen Beziehungen. Die Fähigkeit, Kontakte zu knüpfen, Einfühlungsvermögen zu zeigen und Vertrauen aufzubauen, ist das Fundament, auf dem eine wirkungsvolle Führung aufbaut. Es geht darum, die Macht des Humankapitals zu verstehen - die kollektiven Fähigkeiten, das Wissen oder andere immaterielle Werte von Einzelpersonen, die genutzt werden können, um einen wirtschaftlichen Wert für die Einzelpersonen, ihre Arbeitgeber oder ihre Gemeinschaft zu schaffen.

Behalten Sie Ihren Blick auf einen visionären Horizont gerichtet. Eine Vision gibt Ihnen eine Richtung vor; sie ermöglicht es Ihnen, einen Kurs zu bestimmen und andere zu mobilisieren, Ihnen zu folgen. Ganz gleich, ob Sie ein Team leiten, ein Unternehmen führen oder sich für eine soziale Sache einsetzen, eine klare, überzeugende Vision kann Ihr größtes Kapital sein. Sie unterscheidet Führungspersönlichkeiten von Managern, gibt Hoffnung bei Herausforderungen und schafft ein Gefühl der Zielstrebigkeit, das über die alltäglichen Aufgaben hinausgeht.

Ihr soziookonomischer Status ist lediglich ein Umstand, keine Vorhersage über Ihre Fähigkeit zu führen. Bei der Führung geht es weniger darum, was Sie haben, sondern vielmehr darum, was Sie aus dem machen, was Sie haben. Es geht darum, Ihre einzigartigen Fähigkeiten, Erfahrungen und Perspektiven zu nutzen, um eine positive Wirkung zu erzielen, ganz gleich wie groß oder klein. Führen Sie also von dort aus, wo Sie sind, mit dem, was Sie haben. Die Welt braucht mehr Führungspersönlichkeiten, die verstehen, dass wahre Führung eine Frage des Charakters, des Handelns und des Herzens ist und immer sein wird.

Schlussfolgerung

Zum Abschluss dieses Buches wollen wir noch einmal auf den Gedanken zurückkommen, der im Mittelpunkt unserer Diskussionen stand: Führung ist eine fortwährende Reise, die nicht von den aktuellen Umständen abhängt. Ganz gleich, ob Sie sich in der Mitte der Karriereleiter befinden oder mit sozioökonomischen Faktoren zu kämpfen haben, die Möglichkeiten zur Führung sind vielfältig. Dies ist kein Weg, der einigen wenigen Privilegierten vorbehalten ist, sondern eine offene Einladung an alle, die bereit sind, ihr Potenzial zu nutzen, andere positiv zu beeinflussen und etwas zu bewirken.

Zum Abschluss dieser Ausgabe lohnt es sich, einen Moment über das weite Feld nachzudenken, das wir im Bereich der Führung abgedeckt haben. Zu Beginn haben wir uns mit der Komplexität des mittleren Managements befasst und untersucht, wie diese Position, die oft als "Vorhölle" des Unternehmens angesehen wird, tatsächlich eine Arena mit großem Einfluss sein kann. Hier sind Sie nicht nur ein Vermittler, sondern eine Brücke, die den Zusammenhalt der Organisationsstruktur stärkt, indem Sie Ihre einzigartige Position nutzen, um sich für Ihr Team einzusetzen und Probleme zu lösen.

Wir haben uns auch mit der Welt der Familienunternehmen befasst und das empfindliche Gleichgewicht zwischen Geschäftssinn und emotionalen Bindungen untersucht. Der familiäre Aspekt kann sowohl eine Bereicherung als auch eine Herausforderung sein und erfordert komplexe Fähigkeiten, um Familienbande zu erhalten und gleichzeitig solide Geschäftsentscheidungen zu treffen.

Zum Thema Kleinunternehmen haben wir die enorme Bedeutung erörtert, die sie nicht nur wirtschaftlich, sondern auch als Zentren für Innovation und Gemeinschaft haben. Wir betrachteten die entscheidende Rolle, die Motivation, Kultur und Anpassungsfähigkeit für den Erfolg eines Kleinunternehmens spielen, und betonten, dass sie das, was ihnen an Ressourcen fehlen mag, durch Agilität und Teamgeist wettmachen.

Als Nächstes untersuchten wir das Konzept "Führen von dort aus, wo man ist", und verdeutlichten, dass Führungsrollen nicht auf Titel beschränkt sind. Ob man nun Praktikant oder leitender Angestellter ist, es gibt immer Möglichkeiten, mit gutem Beispiel voranzugehen und sowohl emotional als auch physisch präsent zu sein.

Wir haben uns auch mit dem oft tabuisierten Thema des Alters in Führungspositionen befasst. Wir stellten die Stereotypen in Frage und vertraten die Ansicht, dass Sie, egal ob Sie frisch von der Uni kommen oder kurz vor der Pensionierung stehen, über einzigartige Fähigkeiten und Perspektiven verfügen, die unglaublich wertvoll sein können. Anpassungsfähigkeit, Mentoring und ständiges Lernen wurden als wichtige Eigenschaften hervorgehoben, die Führungskräften in jedem Alter zugute kommen.

Ein weiterer Mythos, den wir entlarvten, war der sozioökonomische Status und sein angeblicher Zusammenhang mit Führungsqualitäten. Wir untersuchten Führungspersönlichkeiten mit unterschiedlichem finanziellem Hintergrund und betonten, dass Qualitäten wie Einfallsreichtum, soziale Kompetenz und langfristige Visionen die wahren Bestimmungsfaktoren für große Führungsqualitäten sind, und nicht die Größe des Bankkontos.

Ein roter Faden, der all diese verschiedenen Facetten der Führung verbindet, sind die inneren Qualitäten, die eine Führungskraft ausmachen: emotionale Intelligenz, die Fähigkeit, Beziehungen aufzubauen, und die Vision für langfristigen Erfolg. Denken Sie also daran, dass diese Prinzipien nicht isoliert betrachtet werden können - sie sind miteinander verbundene Mosaiksteine einer effektiven Führung.

Der Gedanke, dass Führung eine universelle Eigenschaft ist, die sich über Alter, Finanzkraft oder Berufsbezeichnung hinwegsetzt, zieht sich wie ein roter Faden durch dieses Buch. Es ist eine grundlegend demokratisierende Idee, die besagt, dass Führung nicht nur einigen wenigen vorbehalten ist, sondern eine Chance und in der Tat eine Verantwortung darstellt, die jeder von uns wahrnehmen kann und sollte.

Bei unserer Untersuchung des mittleren Managements kam der Gedanke auf, dass Führung nicht von oben nach unten erfolgen muss; sie kann aus der Mitte kommen und sowohl die über- als auch die untergeordneten Ebenen in der Befehlskette betreffen. Führung ist also nicht auf die Ecken der Chefetagen beschränkt, sondern in jeder Ebene eines Unternehmens zu finden.

Ähnlich verhält es sich in kleinen Unternehmen, wo das Fehlen einer ausufernden Organisationsstruktur jedem Teammitglied die Möglichkeit gibt, auf seine eigene Weise zu führen. In solchen Umgebungen geht es bei der Führung nicht um Machtausübung, sondern um die Förderung einer Kultur der Zusammenarbeit und Innovation.

Der Gedanke, dass Führung nicht durch das Alter oder die Lebensphase eingeschränkt wird, ist stark. Er legt nahe, dass unsere Fähigkeit zu führen eine lebenslange Eigenschaft ist, die vom Schulhof bis zum Altersheim ausgeübt werden kann. Ihr Alter gibt Ihnen einfach andere Werkzeuge und Perspektiven für die Führung an die Hand, sei es der Elan und die Frische der Jugend oder die Weisheit und Geduld, die mit dem Alter kommen.

Auch die Tatsache, dass der sozioökonomische Status für die Fähigkeit, eine Führungsrolle zu übernehmen, irrelevant ist, hat mir die Augen geöffnet. Egal, ob Sie in Wohlstand aufgewachsen sind oder aus bescheidenen Verhältnissen stammen, Ihre Fähigkeit, zu inspirieren, zu begeistern und Veränderungen zu bewirken, ist ungebrochen. Tatsächlich stammen einige der überzeugendsten Führungspersönlichkeiten aus schwierigen Verhältnissen, in denen ihre Führungsqualitäten im Schmelztiegel der Widrigkeiten geschmiedet wurden.

Lassen Sie uns zum Abschluss dieser umfassenden Diskussion über Führung diesen zentralen Grundsatz noch einmal aufgreifen und bekräftigen: Führung ist etwas für jeden. Sie ist eine menschliche Eigenschaft, keine Eigenschaft für eine bestimmte Position. Es ist eine Eigenschaft, die man verfeinern, verfeinern und einsetzen kann, unabhängig davon, wo man sich befindet - ob in einem Hochhaus, in einem Familienbetrieb, in einem Klassenzimmer oder in einem Gemeindezentrum. Ganz gleich, wer Sie sind oder woher Sie kommen, das Potenzial zu einer großen Führungspersönlichkeit liegt in Ihnen.

Der Weg der Führung ist ebenso sehr eine Reise nach innen, wie es um die Führung anderer geht. Viele Menschen assoziieren Führung in erster Linie mit äußerem Einfluss, mit der Fähigkeit, Teams zu motivieren, Projekte voranzutreiben oder Krisen zu bewältigen. Dies sind zwar zweifellos wichtige Komponenten, aber sie sind nur eine Seite der Führungsmedaille. Die andere Seite ist ein tiefgreifender Prozess der Selbsterkenntnis und des Aufbaus von Beziehungen.

Sich selbst zu verstehen, ist der Grundstein für eine effektive Führung. Nur wenn Sie ein klares Gefühl für Ihre Werte, Stärken und Grenzen haben, können Sie andere mit Authentizität führen. Selbsterkenntnis ermöglicht es Ihnen, nicht nur entscheidungsfreudig, sondern auch anpassungsfähig zu sein und Ihren Stil und Ihre Herangehensweise an die jeweilige Situation oder die Bedürfnisse des Teams anzupassen. Darüber hinaus hilft sie Ihnen, Bereiche zu erkennen, in denen Sie sich verbessern können, und verleiht Ihrem Führungsstil eine Qualität des ständigen Wachstums.

Selbsterkenntnis ist kein einmaliges Ereignis, sondern ein fortlaufender Prozess. Während Sie verschiedene Lebensphasen durchlaufen und mit unterschiedlichen Situationen konfrontiert werden, gewinnen Sie neue Einsichten in Ihr Verhalten, Ihre Reaktionen und Ihre zugrunde liegenden Überzeugungen. Die besten Führungskräfte sind diejenigen, die nie aufhören zu lernen, nicht nur über die Welt, sondern auch über sich selbst. Sie nehmen sich Zeit für Reflexion und Selbsteinschätzung, um ihren Führungsstil ständig zu verfeinern.

Ebenso wichtig ist der Aspekt des Aufbaus von Beziehungen. Führung findet nicht in einem Vakuum statt. Sie ist ein beziehungsorientierter Akt, der im Kontext einer Gemeinschaft ausgeübt wird, sei es Ihr Arbeitsteam, Ihre Familie oder Ihr sozialer Kreis. Für eine effektive Führung ist es entscheidend, die Menschen zu verstehen, ihre Motivation, ihre Wünsche und ihre Ängste. So können Sie Ihren Kommunikationsstil anpassen, sich in die Menschen einfühlen und ihnen auf eine Art und Weise Orientierung bieten, die bei ihnen ankommt.

Der Aufbau starker Beziehungen schafft auch eine Grundlage des Vertrauens und des gegenseitigen Respekts. Wenn Menschen an Sie glauben, nicht nur als kompetente Führungskraft, sondern auch als Mensch, sind sie eher bereit, Ihrer Führung zu folgen, Ideen einzubringen und zusätzliche Anstrengungen zu unternehmen. Diese Beziehungen werden zu Ihrem wertvollsten Kapital, vor allem in schwierigen Zeiten, wenn schwierige Entscheidungen getroffen werden müssen oder eine gemeinsame Anstrengung erforderlich ist, um Hindernisse zu überwinden.

In gewisser Weise ist Führung ein symbiotischer Prozess. Während Sie andere in ihrem persönlichen und beruflichen Leben anleiten, formen diese auch Sie als Führungskraft, indem sie Ihnen Lektionen in Empathie, Geduld und der komplizierten Dynamik menschlichen Verhaltens erteilen. Dieser Kreislauf der Beeinflussung macht Führung zu einer sich ständig weiterentwickelnden Reise des Wachstums, einem Weg, der sowohl Ihr Selbstverständnis als auch Ihre Beziehungen zu den Menschen um Sie herum vertieft.

Am Ende dieses Buches sollten Sie sich darüber im Klaren sein, dass die Lektüre eines Buches über Führung nur der erste Schritt auf einer lebenslangen Reise ist. Wissen hat nur dann einen Wert, wenn es angewandt wird, und Theorien werden erst dann lebendig, wenn Sie sie in die Praxis umsetzen. Jetzt ist es an der Zeit, Ihre einzigartige Rolle als Führungskraft in Ihrer Gemeinde, an Ihrem Arbeitsplatz oder sogar in Ihrer Familie zu übernehmen. Ganz gleich, wo Sie sich im Leben befinden, überall bieten sich

Ihnen Möglichkeiten zur Führung; Sie müssen nur bereit sein, sie zu ergreifen.

Sie müssen kein CEO sein oder einen offiziellen Titel tragen, um etwas zu bewirken. Führung ist nicht auf eine Stellenbeschreibung beschränkt, sondern drückt sich in Handlungen, in Ihrem Umgang mit Herausforderungen und in den Beziehungen aus, die Sie pflegen. Von der Art und Weise, wie Sie mit Rückschlägen umgehen, bis hin zu der Art und Weise, wie Sie Erfolge feiern, von Ihrer Arbeitsmoral bis hin zu Ihrem Einfühlungsvermögen, wenn es darum geht, die Bedürfnisse anderer zu verstehen - jede Handlung kann ein Akt der Führung sein. Es sind diese alltäglichen Handlungen, die sich im Laufe der Zeit summieren und Ihr Vermächtnis definieren.

Dieses Buch soll Ihnen zeigen, dass es bei der Führung nicht um die Rolle geht, die Sie einnehmen, sondern um das Leben, das Sie führen. Sie haben über verschiedene Kontexte gelesen, in denen Führung ins Spiel kommt, von der Anpassung an die Komplexität des mittleren Managements über das Verständnis des Einflusses des sozioökonomischen Status bis hin zum Erkennen der immerwährenden Natur von Führung über verschiedene Altersgruppen hinweg. Jedes Kapitel wurde so konzipiert, dass es eine andere Facette der Führung beleuchtet und Ihnen eine umfassendere Perspektive auf die Bedeutung der Führung bietet.

Diese Seiten haben Ihnen zwar ein konzeptionelles Instrumentarium für Führungsaufgaben an die Hand gegeben, doch die eigentliche Arbeit beginnt jetzt, in der realen Welt, mit echten Menschen und echten Herausforderungen. Beginnen Sie mit der Anwendung von ein oder zwei wichtigen Lektionen, die bei Ihnen Anklang gefunden haben. Konzentrieren Sie sich auf spezifische Änderungen, die Sie in Ihren Interaktionen mit anderen vornehmen können, oder auf die Art und Weise, wie Sie Ihre Aufgaben angehen. Beobachten Sie, wie diese kleinen Veränderungen Ihr Umfeld und Ihre eigene Zielstrebigkeit beeinflussen. Und wenn Sie sich in Ihrer neuen Rolle als Führungskraft immer wohler fühlen, können Sie Ihren Aktionsradius erweitern und sich größeren Herausforderungen stellen. Ihr Wachstum als Führungskraft wird nur durch Ihre Bereitschaft begrenzt, aus Ihrer Komfortzone herauszutreten.

Es ist auch wichtig, Geduld mit sich selbst zu haben. Wachstum ist oft ein langsamer Prozess, der von Rückschlägen und Umwegen geprägt ist. Lassen Sie sich nicht entmutigen, wenn Ihre Reise länger dauert als erwartet oder nicht linear verläuft. Jede Erfahrung, ob positiv oder negativ, fügt Ihrer Führungspersönlichkeit eine weitere Ebene hinzu und macht sie reicher und nuancierter.

Seien Sie vor allem freundlich zu sich selbst und zu den Menschen, die Sie führen. Denken Sie daran, dass es bei Führungsaufgaben im Wesentlichen darum geht, positive Veränderungen zu bewirken, sowohl bei Ihnen selbst als auch in Ihrer Gemeinschaft. Es geht darum, andere zu befähigen, ihr volles Potenzial auszuschöpfen, während Sie selbst danach streben, Ihr eigenes auszuschöpfen.

Tragen Sie die Lektionen, die Sie hier gelernt haben, auf Ihrem weiteren Weg im Herzen. Sie sind nicht nur ein passiver Empfänger dieses Wissens; Sie sind ein aktiver Teilnehmer bei seiner Anwendung. Treten Sie mutig in Ihre einzigartige Führungsrolle ein und beobachten Sie, wie Ihre kleinen oder großen Taten eine große Wirkung entfalten. Sie haben die Werkzeuge, jetzt ist es an der Zeit, sie zu nutzen. Gehen Sie voran, führen Sie von dort aus, wo Sie sind, und hinterlassen Sie Ihren unauslöschlichen Stempel in der Welt.

Wenn Sie in diesem letzten Moment innehalten und über das Gelesene nachdenken, machen Sie sich bewusst, dass die Worte auf diesen Seiten nicht das Ende, sondern vielmehr ein Anfang sind. Sie stehen an der Schwelle zu unzähligen Möglichkeiten, etwas zu bewirken, zu inspirieren und zu führen. Jede Entscheidung, die Sie treffen, jede Interaktion, die Sie haben, und jede Herausforderung, die Sie meistern, ist ein Pinselstrich auf der großen Leinwand Ihres Lebenswerks. Während die Erzählung dieses Buches abgeschlossen ist, beginnt Ihre eigene Geschichte der Führung gerade erst.

Führung ist kein abstraktes Konzept, das nur einigen wenigen vorbehalten ist. Sie ist eine lebendige, atmende Realität, die in den täglichen Handlungen und Entscheidungen von uns allen besteht. Ob Sie einen Mitarbeiter beeinflussen, einen Freund anleiten, sich für eine Sache einsetzen oder sich einfach nur die Zeit für Selbstreflexion und persönliches Wachstum nehmen - Sie führen. Nutzen Sie die vielen Gelegenheiten, die sich Ihnen bieten, um die hier gelernten Grundsätze auf Ihr eigenes Leben anzuwenden. Wenn Sie das tun, werden Sie feststellen, dass Führung nicht nur in Vorstandsetagen oder auf großen Bühnen stattfindet, sondern auch in stillen Momenten der Integrität, in den verständnisvollen Blicken, die Sie mit Teammitgliedern teilen, in dem Mut, die Stimme zu erheben, wenn es einfacher wäre, zu schweigen.

Die Aussicht auf eine Führungsrolle mag entmutigend erscheinen, aber denken Sie daran, dass es bei der Führung nicht darum geht, perfekt zu sein, sondern präsent zu sein. Es geht darum, Tag für Tag mit seiner einzigartigen Mischung aus Stärken und Schwächen aufzutauchen und sein Bestes zu geben. Führung ist eine Übung in Verletzlichkeit, in Offenheit gegenüber Erfolg und Misserfolg, Lob und Kritik. Aber in dieser Verletzlichkeit liegt Ihre Macht - die Macht, Kontakte zu knüpfen, Einfluss zu nehmen, zu verändern.

Die Seiten dieses Buches mögen hier enden, aber die Möglichkeiten, die sich Ihnen bieten, sind grenzenlos. Sie liegen vor Ihnen wie eine offene Straße, voller Kurven und Abzweigungen, die Sie an Orte führen, an denen Sie noch nie waren, und die Sie auf eine Weise herausfordern und bereichern, die Sie sich noch nicht vorstellen können. Lassen Sie nicht zu, dass dieser Moment das Ende ist, sondern lassen Sie ihn zu Ihrem Sprungbrett in eine Zukunft voller Führung, Wirkung und grenzenlosem Potenzial werden.

Ihre Reise als Führungskraft gehört Ihnen und nur Ihnen allein, aber es ist eine Reise, die unzählige Menschen auf ihrem Weg berühren wird. Machen Sie diesen Schritt. Führen Sie von dort aus, wo Sie sind. Zeigen Sie Ihre Wirkung. Und seien Sie sich bewusst, dass Sie damit zu einem Vermächtnis positiver

Veränderungen beitragen, das weit über Sie hinausreicht. Dies ist Ihre Chance. Dies ist Ihr Moment. Nehmen Sie sie an.

Am Ende dieses Buches möchte ich Ihnen von Herzen für Ihre Zeit und Ihr Engagement danken. Mir ist klar, dass Sie Ihre Zeit auf zahllose andere Arten hätten verbringen können, doch Sie haben sich dafür entschieden, sich mit dem Thema Führung zu befassen. Ich hoffe von ganzem Herzen, dass das, was Sie hier entdeckt haben, Ihnen als wertvoller Leitfaden auf Ihrem einzigartigen Weg der Einflussnahme und des Wachstums dient.

Ihre Reise durch das Labyrinth der Führung wird nicht ohne Hürden und Komplexität sein, aber genau darin liegt das Schöne. Jede Herausforderung ist eine Einladung zum Lernen und Erweitern, jedes Hindernis ein verstecktes Sprungbrett zu mehr Verständnis und Tiefe. Der Weg mag lang und der Anstieg steil sein, aber denken Sie daran, dass die Essenz der Führung in der Reise liegt.

Mögen Sie die Erkenntnisse und Lehren aus diesem Buch in jede Interaktion, jede Entscheidung und jeden Moment der Reflexion mitnehmen. Ihr Abenteuer als Führungskraft ist nicht nur eine Reise des Verstandes, sondern auch des Herzens und des Geistes. Ich bin zuversichtlich, dass Sie das Zeug dazu haben, nicht nur Ihr Leben, sondern auch das Leben derer, die Sie berühren, zu inspirieren und nachhaltig zu verändern.

In diesem Sinne wünsche ich Ihnen alles Gute für Ihr nächstes Kapitel, ausgestattet mit ein wenig mehr Weisheit und hoffentlich viel mehr Neugierde. Wohin auch immer Ihre Führungsreise Sie führt, gehen Sie mit Mut, Integrität und einem großzügigen Geist.

Auf Wiedersehen und möge Ihr Führungsweg sowohl lohnend als auch wirkungsvoll sein.